智慧妈妈
GEEK MOM

和孩子一起做的21个动手项目
——附加智慧妈妈的13个创意秘籍

[美]
Natania Barron
Kathy Ceceri
Corrina Lawson
Jenny Williams
著

李晓燕 译

人民邮电出版社
北京

图书在版编目（CIP）数据

智慧妈妈. 和孩子一起做的21个动手项目 /（美）巴伦（Barron,N.）等著 ; 李晓燕译. -- 北京 : 人民邮电出版社，2015.8
（爱上科学）
ISBN 978-7-115-39320-3

Ⅰ. ①智… Ⅱ. ①巴… ②李… Ⅲ. ①家庭教育 Ⅳ. ①G78

中国版本图书馆CIP数据核字(2015)第128260号

内 容 提 要

本书注重科学的亲子教育，旨在让妈妈陪孩子一起，用趣味娱乐的方式，培养孩子的动手能力，从激发想象力、学会做饭、尝试制作简单的手工制品等方面，提升孩子的生活自理性。全书包含21个制作项目和13个给妈妈的教育秘籍。每个制作项目列清了花费预算、所需时间、适合年龄和难易程度，各个步骤均详细解说，让妈妈和孩子能够进行实践，如制作英雄服装、制作纸杯蛋糕、制作钩针玩偶等。

◆ 著　　　［美］Natania Barron　Kathy Ceceri　Corrina Lawson　Jenny Williams
译　　　李晓燕
责任编辑　李　健
执行编辑　马　涵
责任印制　周昇亮

◆ 人民邮电出版社出版发行　　北京市丰台区成寿寺路11号
邮编　100164　　电子邮件　315@ptpress.com.cn
网址：http://www.ptpress.com.cn
北京天宇星印刷厂印刷

◆ 开本：880×1230　1/20
印张：6.2　　　　2015年8月第1版
字数：191千字　　2015年8月北京第1次印刷

著作权合同登记号　图字：01-2015-2826号

定价：39.00元

读者服务热线：(010)81055339　印装质量热线：(010)81055316
反盗版热线：(010)81055315
广告经营许可证：京崇工商广字第0021号

谨以此书献给全世界各地的智慧妈妈们。

致谢

ACKNOWLEDGMENTS

本书编写成员们希望感谢网站 GeekMom.com 出版人肯·登米德（Ken Denmead）所做出的巨大贡献，他是第一个鼓励她们编写智慧妈妈书籍和博客的人，同时也协助了每一位博客作者。我们同时向帮助我们起步的凯利·拜伦（Kari Byron）表示特别的感谢，她为各地的智慧妈妈做出了无可估量的贡献。

纳塔妮娅（Natania）希望感谢她的丈夫迈克尔（Michael），他是她首要感谢的人，是迈克尔激励了她做创客的愿望并带她进入《龙与地下城》的世界，他和她一起在《魔戒圣战》里遨游，有时也陪她在其他游戏里冒险；感谢她的儿子利亚姆（Liam），利亚姆的想象力、好奇心、坚韧的品质和热情一直在提醒她童年和游戏的力量；感谢她的父母，他们接受了她所有的创意想法并且成为她最忠实的粉丝；感谢多年以来供她在任天堂和想象世界里遨游的姐姐；还要感谢多年来她在推特（Twitter）、脸书（Facebook）和各种会议上结识并喜欢上的智慧妈妈、创客爸爸以及大众创客们。最后一个也很重要：她还应该感谢维他命 B6，有了它的帮助，她才能在第二次怀孕期间忍住呕吐写出她在本书中的部分。

凯西（Kathy）希望感谢那些在家庭教学方面的朋友和编写本书的朋友（尤其是那些两者兼是的朋友）——感谢他们的支持；还要感谢她的家人，感谢他们在她写书期间对她的容忍以及在她需要帮助的时候替她做饭。

科琳娜（Corrina）希望感谢她的常规家庭和非常规家庭。她的常规家庭包括一直鼓励她写作的母亲以及为她买下一张写字桌并拼装好的丈夫，还有她的 4 个小孩，他们是一个母亲能拥有的最好的啦啦队。她的非常规家庭成员包括她的置物袋、樱桃、善良女巫葛琳达、YABS 上的广告以及她在网络上的好朋友们——向他们致以特别的感谢。

珍妮（Jenny）希望感谢和她一同自学的好朋友阿伯拉罕（Abraham），他是她见过的最聪明的人之一，并且在智力和为人方面激励了她（他还会给出准确衷心的反馈，在这一点上他胜过她认识的任何人）；感谢艾伦（Alan），艾伦激发她创作出多个项目和活动并提供了许多智谋，他聪明绝顶，而且是她精神上互通的长久朋友；感谢她的妈妈，她一直都在影响她的人生，并且一直都深爱着她、支持她并告诉她：她拥有无限可能而且可以做出任何成就——她是对的；还要感谢她的孩子们，孩子们给她的生命带来了一种前所未有的意义，他们永远都是她最喜爱的人；还有埃德（Ed），在他也许不应该支持她的时候却站在她身边，鼓励了她所有的个人努力并给予她长久的爱，谢谢他。

序言

FOREWORD

在我还是个孩子的时候，我老爸送给我一个“宇宙飞船”。它不是那种小型玩具，而是一个很大的飞船，开着它我可以飞向月球。最起码当时它给我的感觉是这样的。他还给了我一个装老式彩电的大箱子，我用颜料、彩色蜡笔、金属饰物、剪刀和圣诞节彩灯把它装饰成我五年级那年最酷的冒险地。然后，我在箱子里吃饭、睡觉、生活。我老爸告诉我有关太空、星球和星辰的故事，他给了我整个宇宙。但那时我并没有意识到，我的老爸是个创客爸爸。

老爸热爱科幻小说、《星际迷航》和太空电影。因为他喜欢，所以我也爱上了这些东西。如今我已经是个妈妈了，我能看出我女儿正和我当年一样在跟随着我的一举一动。我发现我可以利用我对科学的热爱创造一些手工制作项目，然后在这些项目里培养她天生的好奇心以及和我一起共度时光的意愿。她会在沙滩上收集岩石和贝壳，然后跑回家在图册上寻找它们的图片。她只有两岁半大，却已经知道许多星球的名字，而且在她的窗外挂了一个用发光彩纸做的太阳能系统。我希望有一天，她也能和自己的女儿交流她的创客热情。

作为《流言终结者》的主持人，我在创客流行文化世界里已经工作了十年有余。做这个节目最棒的地方就在于我从家长和孩子们那里得到的反应。《流言终结者》激发了他们可以共享的科学热情。作为妈妈让我明白这究竟有多么重要，我也想象不出成为《流言终结者》的一员对我做母亲究竟带来多大帮助。我对问题解决方案的寻求以及对新奇项目的热爱都完美地契合了我的新冒险。就像我老爸那样，我也成了一个非常特殊的俱乐部——智慧妈妈——的一员，有了自己的孩子以后我才明白这一点。GeekMom.com 邀请我为网站写专栏，这让我倍感荣幸，我从中也发现了这个利用创客精神培养孩子的全新领域。

又要工作又要当妈妈很辛苦。在忙碌了一整天或者堵了很久车回家后，有时我想不出有创意的育儿点子。这也是我喜爱 GeekMom.com 的原因。除了是灵感来源外，GeekMom.com 社区里还有许多母亲在和我做着同样的事——和最爱的人分享她们对创客艺术的热爱，看到这些让我感觉十分美妙。如今智慧妈妈网站把她们的博客带出了互联网，把大量奇妙的故事、实验、手工制作、项目和活动整理编辑成书。从做俄罗斯方块蛋糕到把小孩装扮成超级英雄再到把微波炉变成科学实验工具，这本书可以看作是每位智慧妈妈的必备手册。

创客就是对某种事物（通常很稀奇古怪）充满激情的人，它可以是连环画、幻想、科幻小说或者科技。能和自己的孩子分享内心的激情，这是多么不可思议的事！我觉得我们天生就是充满热情和惊奇感的创客。如果你很幸运，那么这些感觉永远都不会从你身上消失。我希望这本书能够为你和你的孩子创造许多美好的回忆，就像我老爸和我的宇宙飞船为我创造的那样。

序言作者 凯利 · 拜伦

探索频道《流言终结者》[1]

节目主持人和 GeekMom.com 网站专栏作者

1 原名为 *MythBusters*。

简介

INTRO

创客不再仅仅意味着拥有高智商和博览群书的人。做创客是指拥有一种心境，这种心境引领我们热切地追求个人兴趣，让我们以无穷的好奇心探索世界。只要我们想做某些很酷的事，我们就能真的去做，换句话说，我们会对这些事充满创客热情。成为妈妈以后，我们把对细节的追求和关注应用到养儿育女上，这样我们就是智慧妈妈。

当然，并不是所有的智慧妈妈都喜爱同样的书籍、电脑游戏或者高科技玩具，或甚至以同样的方式对科学感兴趣，但我们一定都是想和孩子分享我们对科技、想象世界以及各种奇幻事物的热爱的人，这就是我们在 2010 年建立 Geek Mom 博客的原因。作为“连线”网站获奖站点“创客爸爸”博客的衍生物，Geek Mom 博客是智慧妈妈们共享经验、观点、项目和故事的聚集地，也是许多女性培养必要人际关系的沃土。

带着同样的精神，本书探索了许多能让妈妈和孩子们释放创客热情的有趣方式。本书 6 个章节涵盖了从科技到超级英雄的所有话题，我们想象，所有参与成员都会喜欢书中的各种有趣活动和想法，其中有些活动全家人都可以参与，有些项目则专为妈妈们设计——即使只有几分钟宝贵的独处时间，你也可以进行尝试。这些项目贯穿了流行文化、音乐、科学和手工艺品，每个项目都有利于学习和探索，并且充满了创客趣味。

我们在项目内容中间或前后给出了一些如何像创客父母一样生活的个人见解和建议，侧边栏里也增加了有关创客女性的有趣事实、信息、背景故事以及可能让你备受激发的历史性时刻。

不过，除了提供建议之外，本书的价值更在于鼓励智慧妈妈和创客孩子为自己真实的自我感到骄傲。在我们成年之后，成为创客意味着被社会边缘化。但这个世界正在变成一个创客世界，我们智慧妈妈们也非常骄傲能成为其中重要的一部分！

理解图标

所有项目和活动都标出了所需的成本、时间、年龄段和难度。

$$$ 成本

时间

年龄段

难度

作者简介

MEET THE MOMS

纳塔妮娅·巴伦（NATANIA BARRON）

1981 年出生于马萨诸塞州西部，父亲是音乐家，母亲是艺术家。由于受到年长表亲们的影响和父母的鼓励，她在早年就接触到了许多电子游戏、动画片、木偶电影和流行文化。在她决定成为一个作家的时候（大概在 12 岁左右），这些都深深地影响了她，也许这也是她对蒸汽朋克、头足类动物和大卫·鲍伊（David Bowie）倍感兴趣的原因。在成为职业商业作者之前，纳塔妮娅在大学和研究生院主修文学和中世纪历史。目前她白天在电子游戏行业从事市场营销工作，晚上则是个科幻小说作家。她的首部神话朋克式小说《天空朝圣者》于 2011 年出版并在世界范围内销售。在杂志《诡丽幻谭》（*Weird Tales*）和惊悚小说集《猎枪与恶魔》（*Shotguns v. Cthulhu*）里，她的短篇小说也随处可见。在不玩游戏或不写小说的时候，纳塔妮娅会在厨房做实验，拨弄吉他或尤可里里，做钩编手工，摇骰子，看《唐顿庄园》，或者追儿子玩耍。目前她全家居住在北卡洛莱纳州，而家庭成员还在增加中。联络她的网站是 nataniabarron.com。

科琳娜·罗森（CORRINA LAWSON）

是一个作家、母亲、创客和超级英雄。目前她和丈夫、4 个孩子以及数只猫住在新英格兰乡村地区。她已经出版了 3 部罗马人和维京人将北美洲变成殖民地的虚构历史系列小说《弗雷娅的礼物》、《赛内卡的戴娜》和《赛内卡之鹰》[1]；两部凤凰学院浪漫系列超级英雄小说《凤凰崛起》和《凤凰的遗产》[2]；中篇小说《夜光》[3]。目前她正在创作一部蒸汽朋克类型的侦探小说。

1　原书名分别为 *Freya's Gift*, *Dinah of Seneca* 和 *Eagle of Seneca*。

2　原书名为 *Phoenix Rising* 和 *Phoenix Legacy*。

3　原书名为 *novella Luminous*。

凯西·西塞瑞（KATHY CECERI）

目前正在照看一个创客家庭：她的大儿子正在大学里学习电子游戏设计，二儿子在中学期间接受家庭教学，为制作特效电影，他在房间里放了一个绿光屏，还有她的超级马拉松自行车车手丈夫，他在他们床下放满了童年收集的漫画书。她已经为孩子和家长们写过数本包括《机器人学：探索未来的科学技术》[1]在内的活动书籍，为《极客好父亲》系列书籍贡献了十几个项目，为《家庭乐趣》（*Family Fun*）、《家庭教育杂志》（*Home Education Magazine*）等刊物设计了许多动手学习的手工制作，此外，她还在东北部地区的博物馆、学校和图书馆的科学或艺术工作室进行教学活动。作为一个英文系的毕业生，她非常高兴她的“在家学科学”博客曾出现在《纽约时报》的科技部分和权威刊物《化学工程新闻》（*Chemical & Engineering News*）里。目前她和家人居住在纽约北部。联系她的网站是 craftsforlearning.com。

珍妮·威廉姆斯（JENNY WILLIAMS）

出生于 20 世纪 70 年代，当时街机游戏“Pong”风靡美国。她从小就开始看科幻电影和电视，玩各种街机游戏，读创客书籍，解逻辑谜题，玩电脑，同时在学校还常得高分。在少年时代，她喜欢上了电子公告板系统（BBS）、“他们可能成为巨人”乐队和大量科幻及幻想小说。后来她嫁给一个创客，生了两个聪明绝顶的小创客，也为自己培养了许多兴趣爱好。目前她非常享受在家教育孩子，并且正在把学习的激情和各种兴趣传给他们。她还花了大量时间进行个人或者职业写作。在剩余的时间里，她会和朋友们玩棋牌游戏或者进行无厘头但却充满智慧的交谈。她现住在北亚利桑那州，被自己小小的创客社区幸福地包围着。

1　原书名为 *Robotics: Discover the Science and Technology of the Future*。

目录

CONTENTS

第 1 章
CHAPTER 1

潜移默化引导想象能力

我记得第一次假扮超级英雄的时候，我还是个蹒跚学步的幼童，我把一个旧儿童毯弄成披肩披在身上。我依然记得当时我觉得自己是多么威风凛凛，整个过程是多么好玩。智慧妈妈就处在引领下一代进入想象世界的独特位置中。尽管超级英雄经常被认为是男性，但通常都是母亲最先让孩子们了解到这个概念，通常也是母亲们在操心孩子们万圣节要穿的服装以及适合孩子们阅读和观看的书籍和电视节目。而智慧妈妈就是那些把自己对《星球大战》、蒸汽朋克、奇幻和科幻小说的热爱传递给孩子的人。经常是我们最先让孩子了解到那些不可思议的故事，从而点燃了他们的想象力。

第一次我们向孩子展示各种版本的《星际迷航》时，发现他们和我们一样热爱这些动画，这就是共享的纽带。第一次孩子因为读了一本我们儿时也非常喜爱的书籍而冲向我们的时候（比如《纳尼亚传奇》），我们能感受到他们的喜悦。这一章的内容旨在帮助我们为孩子，同时也为自己捕捉兴奋的感受。其中有些项目比较复杂，有些项目比较简单，但这些项目都会为我们带来欢笑和愉悦，同时还能带给每个人特殊的激情。

秘籍 1

为什么对孩子来说超级英雄很重要

这是一个醒目且令人兴奋的形象：在看到周围的人陷入麻烦之后，一个相貌普通的人变身成为英雄，并且立即出手帮助他人。

这种形象直接进入我们想要有影响力、想要扭转乾坤、想要成为英雄的集体愿望中。成年人也依然被这种想法所吸引，但真正把它们铭记在心的还是孩子们。

世界上大部分孩子都处于弱势地位，他们周围的一切都按照成年人的规格制作，通常他们在住哪或者要去哪等事情上都没有发言权。他们的生活会受到各种限制，所以他们被这种在普通表面下拥有无限力量的幻想所吸引也就不足为奇了。

但如果超级英雄仅仅是拥有力量，那么他们也不会如此强烈地吸引孩子们。

我问过我的小儿子超级英雄们都做什么。他只有 11 岁大，但他说："他们代表正义，与邪恶的人对抗，有时他们也会帮助人们对付自然灾害之类的事，他们做平凡人做不到的事。"

他没有说"他们拥有强大的力量"或者"他们痛击坏人"，甚至没有说"他们经历了非凡的冒险"。相反，他认为超级英雄最重要的地方在于代表正确的事、代表正义、代表人性最美好的部分。

这就是超级英雄成为孩子们绝佳行为榜样的原因。通过超级英雄，孩子们不仅知道他们可以变得强大、可以做出成绩，他们还学到怎样合理地利用强大的力量。

正义是一种非常难以讲解的概念。正义不像公平，孩子们很早就明白生活并不总是公平的。或者说，正义就是使天平平衡和尝试做对的事（也许是在糟糕的环境下）。坚持正义就是做一个品行端正的好人。

这就是为什么超级英雄必须是普通男女以及为什么这些英雄必须来自尽可能不同的种族或民族的原因。如果人们和这个英雄产生不了共鸣，如果这个英雄和人们的外形、行为或者来源地不同，那么人们很难把这种英雄当作行为榜样。

5 岁时我第一次看由亚当・韦斯特（Adam West）主演的《蝙蝠侠》。这部《蝙蝠侠》是一部以搞笑为主的讽刺剧，但也讲述了好人尝试做好事的故事。看这部剧的时候我大笑不已，觉得很有趣，但直到蝙蝠女侠首次现身，我才真正爱上它。蝙蝠女侠就像闪电一样击中了我。

墙壁旋转而起，屏幕上展现出一套特制服装和一辆摩托车，温顺的图书管理员芭芭拉·戈登（Barbara Gordon）在刹那间变成一个和男性斗士一样（有时甚至更强）能够对抗坏蛋的英雄。

也就是在那一天，我想成为超级英雄这个愿望的强烈程度达到了顶峰。

多年以来，我还喜欢上除蝙蝠侠和他的配角之外的许多英雄。除了超人，这些英雄还包括黑金丝雀、绿箭、正义联盟、超级英雄军团、美国队长、钢铁侠、复仇者联盟、X 战警和神奇四侠。

从这些超级英雄的故事里，我学到了有关自我牺牲和道德的价值以及人们相互关怀的方式。

我购买的第一期《超级英雄军团》里讲述了这样一个故事：一个士兵从第二次世界大战中复活，他决心持续战斗直到他方获得胜利为止。超级英雄军团试图在一场打斗中阻止他，但是失败了，当时大家都毫无头绪。后来超级英雄们调查了这个士兵的背景，才知道这个士兵原来是因为救自己排的士兵而被手榴弹炸死的。知道这个原由后，军团成员们装扮成他的上级军官并告诉这个士兵他做得很出色。听到夸奖后，激活这个士兵的奇异能量消失，这个士兵在临死前知道了他出色地完成了任务并且救了战友们的生命。

军团成员们拥有强大的力量而且是凶猛的斗士，但他们用智慧和同情而不是武力解决了问题。这就是他们成为英雄的原因，这也是我在孩提时学到的一课。

在《蝙蝠侠》里的一个故事中，黑暗骑士布鲁斯·韦恩（Bruce Wayne）回到他父母被谋杀的巷道，他必须阻止罪犯们迫胁一位曾经帮助过他的老太太。小布鲁斯曾遭受过欺凌，但成年后的布鲁斯变成了一个能保护别人的英雄。作为一个幼年丧父的人，我把这一课深记于心：即使那些曾经遭受过惨痛损失的人也可以继续成就伟大的事业。

我还把另一个超级英雄当作我终生行为的榜样，她就是路易斯·莱恩（Lois Lane）。我不能长成一个超级英雄，但我可以做路易斯·莱恩做的事——我也可以成为一名记者，我也可以像超人所做的那样为真理而战。我并不是一个人。多年来我和许多女性记者交流过，她们中有很多人都表示路易斯·莱恩是最初激发她们从事这一职业的榜样。

我觉得做母亲最棒的地方就是引导我的孩子了解我儿时热爱的超级英雄们。他们也有同样的反应，他们也热爱超级英雄。你可以从我儿子的话里发现，他们知道超级英雄们究竟代表着什么：坚持自我，力量为正义服务，还有人们应该友好相待。

卡通电视网播放的《蝙蝠侠之英勇无畏》[1] 中有个小插曲生动描绘了宿命巡逻队（一群被流放的孤独者）为

1　原名为 *Batman: The Brave and the Bold*。

一些他们不认识的人牺牲。在格兰特·莫里森（Grant Morrison）为编剧的《全明星超人》[1]里最辛酸的一幕中，超人试图阻止一个少女自杀。超人知道他被莱克斯·卢瑟（Lex Luther）下了毒，但他仍在垂死时劝服女孩不要跳楼自杀，告慰她总有机会让人生变得更美好。

成年人有时看超级英雄只会关注“超级”这一部分，并对定制的服装和英雄强大的力量感兴趣。

但孩子们知道其中的真谛。

他们知道“英雄”那一部分要重要得多。他们知道不管愿望有多么强烈，自己长大后都无法成为真正的超级英雄，但他们会知道怎样成为一名英雄。

1 原名为 *All~Star Superman*。

项目 1

创造自己的秘密基地

在我成长期间，我最喜欢能够隐藏的秘密地方，在那里我可以任由想象力天马行空。搭建这样一个地方并不需要特殊技巧，只用一点时间和一个老式的硬纸箱子就可以。

60~300 元	1~2 小时	会用蜡笔和颜料的年龄	简单但需要妈妈照看

所需材料

- 至少一个满怀渴望的孩子
- 一个大硬纸箱子
- 一盒彩色蜡笔和彩色标记笔
- 一把锋利的剪刀或者工具刀
- 闪光胶（可选项）
- 花型模板（可选项）
- 内饰物品（完全取决于个人需要）

STEP 1：找材料

尺寸合适的硬纸箱子在许多地方都可以找到，但我觉得最好到家电商店里去找。冰箱包装箱就很完美，因为它体积最大、空间充足。当然，其他箱子也可以，尤其在孩子年龄和身材还小的时候。如果孩子们想把他们的空间扩展成几个“房间”，把几个箱子摆在一起就可以了。

我建议用大盒彩色蜡笔装饰箱子。如果箱子的表层经过了特殊处理，那么就试试彩色标记笔或者各种不同类型的颜料。儿童水彩也不错，但油性颜料用料更省、更持久，图像也会更生动。

用一把剪刀或者工具刀在硬纸箱上割出门廊和窗子。请一定把这些工具（尤其是刀）放在小孩够不着的地方。

STEP 2: 开始制作

首先，咨询这个空间未来的主人，应该让他们来决定秘密基地的基本格调。

和我的孩子们在一起时，我的主要工作是在他们出现不适合做调解裁判或做那些在他们的年龄段还不能完成的任务时由我来做，比如使用工具刀。我得承认我并没有做到总让他们满意。在我把门廊或者窗子割得弯弯曲曲时，他们会向我抱怨。如果你在制作时多准备几把尺子和水平尺，就可避免出现这样的抱怨。

在增加装饰或者艺术作品之前就要把门廊和窗子做好。在门窗做好后，则可让孩子们自由发挥。他们可以随手涂画或者用模板、尺子等画出整洁的画面，也可以在纸上画好需要的物品然后贴在箱子上。当然了，用闪光胶涂画也很有趣。不过，和我的孩子们在一起时，他们只想不受任何干扰地自由发挥。

如果孩子缺少好主意，你可以建议他们制造一个隐藏洞穴，比如蝙蝠洞、霍格沃兹魔法学校里出现的密室、超人的孤独城堡、霍比特人的洞穴，或者就让他们想出个人版本的魔法房间。

但记住，完工后这个箱子看上去不一定非要像件艺术品，只要孩子觉得这是他们自己的专属地盘就可以了。

STEP 3: 搬进去

在外部装饰做好以后，箱子内部可以装进孩子的特殊物品。对于我的孩子来说，这些物品就是毯子、手电筒、各种类型的厨房用品、玩具以及他们喜欢的毛绒布娃娃。他们还想在里面睡觉，所以还要放进去一个睡袋。因为这个原因，把这个私密空间建在孩子的卧室内可以省去搬运的麻烦。或者把这个私密空间放在家里其他地方，使之成为一个特殊的午休场所。

这个项目唯一的缺点是硬纸盒子总会散架。这没什么，你随时都可以另建一个。不管怎样，记住多照相让孩子留个纪念。

项目 2

超能力测试游戏

所有的孩子以及许多成年人都希望自己拥有超能力。下面是一些快捷简易的力量和灵活性测试，任何人都可以在家尝试。把这些测试留在你家超级英雄的下一次聚会上或者在一个宁静的下午去玩，无论是室内还是户外，这些活动都很有趣！

60 元　　1 小时　　学龄前　　简单

所需材料

任何轻的、可堆叠的物品，越多越好，包括：

- 塑料饮料杯（一套 100 ~ 300 个的那种）
- 干净、可循环利用的硬质牛奶盒
- 空麦片盒（用胶带粘紧）
- 绝缘泡沫片（成年人可将其剪成块状然后把它喷涂成石头状）

I. 钢铁小孩：为你的超级英雄建一座“塔”让他弄倒

STEP 1：堆起来，弄倒

用杯子、纸盒或者盒子堆墙真的是再容易不过了。堆第一排时在每个物品中间留出一点空隙，堆第二排时用物品盖住这些空隙。这种方法对堆直墙、弯墙甚至高塔都管用。在我小儿子4岁时，他穿着超人服装让他爸爸用杯子围着他建了一座高度可到他眉毛的塔，然后他就开始大施拳脚啦！

如果是在聚会时玩，可以让所有成员一起堆墙然后把墙弄倒。只要有足够的杯子或者盒子，小孩儿们会整个下午只玩这一个游戏。

STEP 2：清理场地，把废物重新利用

如果孩子们不想再玩这个游戏，清理起场地来既简单又快捷。不过你的建筑材料可能已经不再有用。如果你想把它们留在其他超级英雄游戏里再使用，那么就在收拾的时候进行检查，发现破损的物品时要将其修复，无法修复的要送到旧物回收站。

$$$	时间	年龄	难度
60元	1小时	学龄前	简单

所需材料

- 可兼做大楼侧面的平面，或者一卷纸外加绘画材料
- 照相机或摄像机
- 一个或多个着装合体的超级英雄

II. 人也可以飞：利用摄像技巧“爬”高楼

STEP 1：寻找或制造一个建筑外表

这个想法由纽约罗切斯特玩具博物馆的美国漫画书英雄展所激发。展厅拥有一个电影背景，看上去像是侧面倾斜的建筑物。当孩子在地板上爬行时，一个侧放的摄像机会拍出他们像是在攀登大楼的样子并播放在附近的屏幕上。想要在家中重现这种特效，你需要有个“演员”、一架角度摆放正确的摄像机和一个像样的背景。你可以利用摄像机的视图进行定位。找一块孩子可以爬的空地，砖铺的人

行道或者车道（交通封锁的）就很理想，确保图像里不会出现毁坏效果的树木、草地或者家具。

你可以用涂鸦粉笔在“大楼表面”增添攀爬过去的窗户等细节，把这些东西添加到离“演员”较远的位置，这样就不会破坏效果。在室内你也可以用彩色标签笔或蜡笔在一大片纸或者硬纸板上着色。如果地板旁边的墙是光的，你可以把一些纸或硬纸板粘在墙上，在上面画出远处的其他建筑物的图画。如果背景完工，“演员”也准备就绪，就把摄像机放好开始拍摄！

STEP 2：灯光，摄像，开拍

如果你的背景只有地板或地面，你可以把摄像机放在“演员”的脚边。如果你的镜头里出现墙壁，那么就把摄像机侧放到“演员”齐眉的高度。为产生更好的效果，告诉你的“演员”动作越夸张越好。如果只是拍照片，就让孩子摆出极为明显的攀爬姿势——膝盖弯曲，鞋底紧蹬着攀爬平面，一只手放低，另一只手向上伸。如果是摄像，就让孩子作出夸张的动作缓慢移动。如果能添加上声音会使效果更棒，所以如果你有动作片的音乐就只管拿出来！这样你的超级英雄特效会更出彩！

60 元　　1 小时　　7 岁以上　　简单

所需材料

- 两个干净、带瓶盖的空水瓶
- 胶带
- 剪刀
- 水
- 食用色素、亮粉以及其他装饰物

III. 改变大气的力量：在瓶子里制造迷你龙卷风

STEP 1：准备瓶子

控制像龙卷风这样的自然力是一种需要负巨大责任的超能力。不过，如果运用得当，控制龙卷风可以在好玩的同时又具有教育意义。由于这种龙卷风是在水瓶里发生，因此人眼可以看到。把瓶子突然翻转，它会进入相连接的瓶子里——但就是不会跑（要确定瓶子连接处不漏水）。

首先把一个瓶子灌上 2/3 的水。为使魔术效果最大化，可在水中添加几滴食用色素、亮粉、彩色纸屑或其他小装饰物。然后在两个瓶子的开口处封上胶带，确保瓶内的物品不会漏出。用剪刀在胶带上捅出直径为铅笔直径大小的小孔，两个胶带的开孔位置要一致。然后把空瓶子倒着放在装了水的瓶子上，让两个瓶子的孔对齐，多用胶带把两个瓶子的口封紧，使水在两个瓶子间流动时不会洒出。

STEP 2：召唤龙卷风

要使龙卷风出现，你需要把瓶子翻转使水处在上方。保持下面的瓶子不动，同时转动上面的瓶子，流动的水就会变成龙卷风，而且它会缓慢地螺旋下降到下面的瓶子里。如果想再看一遍，只需把两个瓶子翻转过来再做一遍，这样你就会惊叹自然的力量了！

项目 3

制作简单又便宜的超级英雄服装

我丈夫是个真正的漫画书创客。我们最早的一次约会就是散步到纽约著名的漫画书店“禁忌星球”里买最新的《黑暗骑士》系列漫画小说。所以很自然的，我为我们第一个儿子做的第一套万圣节服装就是蝙蝠侠套装。和许多年轻妈妈一样，我当时没有很多时间、精力或金钱去制作精致的服装。但看着我儿子的黑蓝色运动裤和运动衫，我觉得自己已经有了一套好服装的基础材料。而且在当作超级英雄服装用过后，就能轻易把它变回日常穿的衣服。

尽管在万圣节也可以穿其他衣服，但多用途的运动服套装却可以用作许多服装的基础衣料。它们能简单缝合且无需拆线，而且结实保暖。如果你所在的地方在 10 月份很冷，那么这点就很重要。多年以来，我的孩子们帮助我把运动服套装做成过超人套装、蜘蛛侠套装、达尔马希亚犬套装、宇航员套装、中世纪骑士套装和绝地武士套装。虽然我们的套装完全是手工制作的，但孩子们总是很满意。事实是，有些他们最喜欢的套装再也没有转变回日常穿的衣服，而是收在了我们的“套装箱子”里，等孩子们想扮演他们某个秘密身份时再拿出来。这没什么——我们的运动服套装依然是物有所值的！

STEP 1：选择基础衣物

观察你要制作的角色的图片，然后选出与漫画书中英雄服装颜色相同的上衣和下衣。蝙蝠侠套装是黑蓝色或者黑色，超人是浅蓝色上衣和下衣，蜘蛛侠是红色上衣和蓝色下衣。如果你心里没有确定的角色，那就把孩子的衣服都翻出来寻找灵感（我小儿子 9 个月大时穿的毛巾布连帽衫和裤子就激发我制作了达尔马希亚犬套装）。如果是钢铁侠或者绿巨人这种雄壮的英雄，则要选择尺码稍大的衣服，然后在衣服里面添加东西使其膨胀起来。如果是其他角色，穿紧身衣则会更有型。

$$$	⏱	👪	🎲
60 ~ 150 元	1 ~ 2 小时	3 ~ 8 岁	简单

所需材料

- 运动衫、运动裤、紧身衣、以及其他衣物（选不同颜色的衣物时男孩、女孩的衣服都要查看）
- 按需准备毛毡块和其他布料（做徽章、披肩以及其他饰物用）
- 剪刀和针线
- 胶水或其他熨烫型粘着剂
- 织物笔、毛线、粘贴型发光片等物（做额外配饰用）
- 配饰（如帽子、靴子、袜子、手套、内衣等），按需准备

STEP 2：增加细节

如果是徽章和其他装饰，在纸上画出设计图形，然后从相应颜色的布块上按形状剪下来。以蝙蝠侠标志为例，从黑色毛毡上剪出一个椭圆形，再从黄色毛毡上剪出一个蝙蝠的形状。用织物胶水或其他熨烫型粘着剂把两者粘在一起然后晾干。

如果套装只穿一两次，只需用针把布料疏缝几针即可。在制作达尔马西亚犬套装的时候，我只在帽子两边的黑点处弯曲着缝了几针，然后就制作出两个松散的耳朵。如果穿的次数很多，那就要把衣物缝密实一点。如果你不想把套再转变回日常衣物，可以用胶水或者粘合剂把饰品都粘上去。也可以用织物笔、闪光片或者其他特殊饰品装饰你的永久套装。

STEP 3：配饰也很重要

增加几个点睛的配饰能使普通衣服变成特殊服装。我儿子的蝙蝠侠服装就有一条黄色毛毡做的“工具腰带”，封口处用了尼龙搭扣。我用一片黑布做成一个带蝙蝠耳朵的帽子，其余布料垂在背后当披肩。你也可以在一只黑色冬帽上缝上两只尖耳朵和一件披风给孩子穿。

我用粗针把超人的披肩直接缝在运动衣的肩膀处，然后在蓝色紧身裤上加上红色短裤和红袜子（女孩穿的）就可以完成着装了。有一年，我大儿子在便宜的红色针织滑雪面具和手套上画出蜘蛛侠的标志性网格，这样就做成了蜘蛛侠面具和手套。

记住，不要对服装样式的准确性过于苛求。这不是正式场合，你要取悦的人是你的孩子。把日常衣物改造成特殊服装也可以让孩子玩角色扮演游戏。你的回报将会是拥有一群充满欢乐的超级英雄！

秘籍 2

通过超级英雄的世界教孩子历史

超级英雄诞生于一个关键的历史时期——大萧条出现之后和第二次世界大战开始前，而后者永远地改变了世界的面貌。

第一个超级英雄——超人于 1938 年亮相，在美国逐渐走出大萧条的背景下，他对抗腐败，为弱小的人而战。蝙蝠侠随后于 1939 年出现，他打倒了那些警察无法制服的罪犯们。

自他们开始，从来自遥远星球的外星人到潜伏于虚幻城市黑暗巷道的无名者，各种英雄层出不穷。时至今日，超级英雄的数量已经多到数不清。但通过了解每一个英雄，我们都能学到一些历史，因为这些英雄反映了他们被创造的那个时代的社会态度和流行文化。

比如，漫威漫画在 20 世纪 60 年代发行的故事中就展现了与那个动荡年代相关联的第二波英雄。这些英雄包括蜘蛛侠、神奇四侠、重生的美国队长和复仇者联盟。和之前形象单一的英雄不同，这些新英雄缺点更多，性格也更复杂。例如，钢铁侠甚至就诞生在越南战争的炮火中。

20 世纪 60 年代，电视节目《蝙蝠侠》成为热点话题。《Ms.》杂志把神奇女侠放在首刊封面上。尽管当时以她为主角的漫画书销量下滑，但全世界都记住了她。

很明显，超级英雄、流行文化和历史极为紧密地相互联结在一起。我不能说下面的列表囊括了所有的代表作品，但它可以作为一个入门阅读书目。推荐的每本书都涵盖了一个关键时期或者重要事件。对于任何想从各种紧身衣、披风和超能力中观察历史的人来说，每本书都可以被用作教学工具。

推荐阅读

- 20 世纪 30 年代后期到 50 年代：杰瑞•西格尔（Jerry Siege）的《超人传奇》[1]，可从第一部开始看；马丁•帕斯科（Martin Pasko）的《DC 宝藏：充满 DC 宇宙珍稀藏品的书中博物馆》[2] 以及罗伊•托马斯（Roy Thomas）和皮特•桑德森（Peter Sanderson）所著的《漫威宝藏：充满漫威世界珍稀藏品的书中博物馆》[3]（由于已经绝版，所以这本会很难找）。
- 从 20 世纪 40 年代至今：从最初的神奇女侠到路易丝•莱恩再到天堂猎鹰等女性主义作品。威廉姆•马斯顿（William Moulton Marston）的《神奇女侠

1 原名为 *Superman Chronicles*。
2 原名为 *The DC Vault: A Museumin~a~Book with Rare Collectibles from the DC Universe*。
3 原名为 *The Marvel Vault: A Museum~in~a~Book with Rare Collectibles from the World of Marvel*。

传奇》[1]第一部、《超人女友路易丝·莱恩档案》[2]第一部，路易斯·西蒙逊（Louise Simonson）的《DC漫画封面女郎》[3]，以及盖尔·西蒙内（Gail Simone）的《天堂猎手：老师与学生》[4]。

- 第二次世界大战期间：罗伯特·卡内佛（Robert Kanigher）的《洛克中士档案》[5]第一部。
- 从1939年至今的蝙蝠侠和城市罪恶斗士的崛起：比尔·芬格（Bill Finger）和鲍勃·凯恩（Bob Kane）创作的《蝙蝠侠传奇》[6]第一部；丹尼斯·奥尼尔(Dennis O' Neil)的《70年代蝙蝠侠的故事》[7]；以及格兰特·默里森的《蝙蝠侠群英会》[8]第一部。

1 原名为 *The Wonder Woman Chronicles*。
2 原名为 *Superman's Girlfriend Lois Lane Archives*。
3 原名为 *DC Comics Covergirls*。
4 原名为 *Birds of Prey: Sensei & Student*。
5 原名为 *The Sgt. Rock Archives*。
6 原文为 *Batman Chronicles*。
7 原文为 *Batman in the Seventies*。
8 原名为 *Batman Incorporated*。

- 麦卡锡时代和黑名单：詹姆斯·罗宾逊（James Robinson）的《美国正义协会：黄金时代》[9]。
- 20世纪60年代：鲍勃·哈内（Bob Haney）的《白银时代少年泰坦档案》[10]第一部。
- 神奇四侠中的空间项目和科学探索：斯坦·李（Stan Lee）的《神奇四侠》第一部。
- 从漫威漫画的特工尼克·弗瑞（Nick Fury）眼中看冷战：吉姆·斯特兰克（Jim Steranko）的《神盾特工尼克·弗瑞》。
- 20世纪70年代和美国队长的幻灭：史蒂夫·恩格尔哈特（Steve Englehart）的《美国队长：流浪者（复仇者）》[11]。
- 漫画中非裔美国人的形象：托尼·伊莎贝拉（Tony

9 原名为 *JSA: The Golden Age*。
10 原名为 *The Silver Age Teen Titans Archives*。
11 原名为 *Captain America:Nomad (Avengers)*。

Isabella）的《黑色闪电》[1]单行本；德韦恩·麦克达菲（Dwayne McDuffie）和M.D. 布莱特（Bright）创作的《Icon：英雄的召唤》[2]。

- 所有时代：电视动画连续剧《蝙蝠侠之英勇无畏》，同时可以看一本《DC 漫画百科全书》作辅助读物。

时代简介

通过超级英雄教孩子历史的第一步是决定从哪里开始。有些推荐书目并不适合所有年龄段的孩子，而有些书孩子可能会不感兴趣。

我不会强迫孩子学习，我把上面的书目列表设计成正式课堂指引或者参考卡片的样式，等待适合教孩子的时刻在不经意间来临。虽然我按照年代排列，但不一定非要按照时间顺序教孩子。

对于年龄很小的孩子，我会从 DC 金库和漫威金库开始。因为多年来漫画书上会附带或者促销附送很酷的角色复制品和小玩意儿。这些都是以前流行文化的特产，而且能帮助我们与孩子展开许多讨论。另外，这些东西能拿在手上，而小孩子最喜欢摸东西。

在女性主义的列表上，我认为任何女孩都会觉得通过漫画了解这些年来女性地位的提升很有趣味。对于那些还没有开始读漫画的小孩，《DC 封面女郎》[3]会让他们大感惊奇（同时也很有趣），尤其是《超人女友路易丝·莱恩档案》的封面。早期的神奇女侠漫画中有大量人物被束缚的画面，所以有些父母可能会皱眉头，但孩子们会把这些自动忽略。《天堂猎鹰：老师与学生》这本书我女儿很喜欢，我还把这本书介绍给孩子们，将其作为他们了解现代超级英雄的入口。

来自第二次世界大战的中士洛克的故事实际上涵盖了两个时代。洛克在 1959 年首次亮相，这意味着尽管书中的故事发生在第二次世界大战期间，但其中对战争代价的思考则来自第二次世界大战之后。这与电视节目《M.A.S.H.》非常相似。

追蝙蝠侠是种非常有趣的经历，因为他是随着时间而变化最多的英雄之一。起初他是夜晚的黑色复仇者，为混乱带去秩序。在 20 世纪 60 年代终结的时候，他被编进流行电视节目里，而角色开始明朗化。但在 20 世纪 70 年代他被带回更现实的性格里，并且逐渐变得更冷峻、更黑暗，一直到被扩展进现今的《蝙蝠侠群英会》中。

《美国正义协会：黄金时代》讲述了许多 DC 漫画被遗忘的黄金时代英雄，虽然这个世界看起来不再需要他们的英雄主义，但他们紧握着与这个世界的联系。这个故事由麦卡锡时代的恐怖调查所激发，和阿瑟·米勒的舞台剧《严酷的考验》的来源一样。不管怎样，我个人觉得《美国正义协会：黄金时代》读起来要比《严酷的考验》有趣得多。比如说，前者故事中有更多打斗场景。

20 世纪 60 年代是漫威漫画的斯坦·李和杰克·科比创作杰出作品最多的时代，神奇四侠就是他们经久不衰的角色之一。从一开始，四侠就对空间或其他维度甚至地下进行各种探索。欣赏这些早期的漫画很有意思，你可以和孩子们讨论书中哪些情节在科学上还行得通、哪些仍然是真理。

如果纯粹为了娱乐，鲍勃·哈内的《少年泰坦》绝对不能错过。哈内并不是嬉皮士一代，但他的风格很像是产生于那个时代。故事发生的冒险不仅显示了当时的问题，而且极度夸张，因此孩子们读起来会很愉悦。

吉姆·斯特兰科的《神盾特工尼克·弗瑞》是超级英雄间谍型漫画的最优标准，因为斯特兰科的神奇图画不仅让弗瑞度过了冷战时代，还让弗瑞与我们现实世界中永远都不会出现的秘密超级坏蛋协会进行较量。

和蝙蝠侠一样，美国队长也是随着时间而改变的超级英雄的标杆。20 世纪 70 年代，美国因为水门事件而名誉

1 原名为 *Black Lightning*。
2 原名为 *Icon: A Hero's Welcome*。
3 原名为 *DC cover girls*。

尽失，因此美国队长也深受影响。恩格尔哈特的故事能帮助孩子理解因为人类有缺陷所以政府也会有缺陷的观点。但队长永远也不会对美国和美国人民失去希望。

漫威推出了黑豹和能量侠卢克·凯奇——虽然他的角色有些夸大。我最崇拜的第一个非裔美国英雄是黑色闪电杰斐逊·皮尔斯（Jefferson Pierce），他是个著名学者，还获得过奥运会金牌，后来到市中心一所学校当老师。不幸的是，他的短篇系列没有印册出售。十多年后，里程碑漫画系列作为 DC 漫画的分支出现，整个系列都献给了非裔美国英雄，包括宇宙版本的超人 Icon 以及《静电冲击》[1]卡通系列中的主角静电。

卡通电视网络播出的《蝙蝠侠之勇者无畏》成为我和孩子们讨论漫画历史的巨大跳跃点，这个节目中出现了许多被遗忘的前代英雄，比如野兽侠和宿命巡逻者。我用《DC 漫画百科全书》回答他们提出的所有问题，但这使他们提出了更多的问题并且还要求我为他们寻找更多的漫画书。这意味着他们有更多的阅读材料，不管怎样，阅读总是有益的嘛。

1 原名为 *Static Shock*。

推荐给孩子的超级英雄漫画

这份书单是在我们家 4 个“小专家”的帮助下完成的，列表中包含了从初级读者到少年都会喜欢的最佳超级英雄书籍。当然这不是孩子们喜欢的唯一书目，但这些都是入门书籍，家长们应该也会喜欢。

学前班到 7 岁大小读者书目

《终极蜘蛛侠》[1]（作者　布莱恩·本迪斯（Brian M. Bendis）、马克·贝格利（Mark Bagley））：蜘蛛侠新读者的最佳入门作品，讲述了一个重塑的现代少年皮特·帕克（Peter Parker）的故事。首个系列发售了 160 期，直到皮特因为救自己的家人而悲情地死去。现在的新蜘蛛侠是中学生迈尔斯·莫拉莱斯（Miles Morales）。我的孩子们说新角色和新系列“超级棒”。

1　原名为 *Ultimate Spider~Man*。

《蝙蝠侠冒险与高谭市险途》[2]（作者　多人）：20 世纪 90 年代的流行电视节目《蝙蝠侠动漫系列》的副产品。这一版的蝙蝠侠对孩子们来说非常完美，相比于常规漫画，我也更喜欢这个版本。其中的故事奇妙且易于理解，即使年龄非常小的小孩也愿意看。

《漫威冒险之复仇者》[3]（作者　多人）：《漫威冒险》系列专门为年幼读者而设计，书中包含了所有大众熟知的漫威角色，这些角色在各种易得的适龄书籍中都可以找到。书中的故事引人入胜，其中广为人知的角色包括美国队长、雷神索尔、钢铁侠、浩克以及许多其他人物。

DC 漫画《多重地球危机》[4]（作者　多人）：如果孩子想读一些特殊漫画，那么这部 DC 漫画地球 ~ 1 的美国正义联盟与地球 ~ 2 的美国正义协会交叉的年度作品一定能满足孩子们的要求。这些故事现已被收进多部合集里，并囊括了所有大家熟悉的英雄。故事对动作和图画的重点刻画完美贴合了年幼读者的胃口。

2　原名为 *The Batman Adventures and The Gotham Adventures*。
3　原名为 *Marvel Adventures Avengers*。
4　原名为 *Crisis on Multiple Earths*。

7 岁及以上读者书目

《无限地球危机》[1]（作者　马弗·沃夫曼（Marv Wolfman）、乔治·佩雷兹（George Perez））：这部角色混合的大书改变了 DC 漫画宇宙的整个设定。DC 漫画里的几乎所有角色都出现在其中，乔治·佩雷兹的插画无比精湛，整个故事虽然宏大，但是易于理解。这本书也是我孩子的最爱。

《蓝甲虫》[2]（作者　约翰·罗杰斯（John Rogers）、凯斯·吉芬（Keith Giffin）、加利·哈姆纳（Cully Hamner））：在一次宇宙危机后，少年吉米·雷耶斯（Jaime Reyes）通过在背上穿一件外星人的高科技装备而成为新的蓝甲虫。吉米拥有非常出色的配角，这些配角大多是他的朋友和家人。我的孩子对这本书非常痴迷。吉米在卡通电视剧《蝙蝠侠之勇者无畏》中出现过几次，所以在电视剧里看过他的孩子一定会喜欢这本书。

《逃亡童盟》[3]（作者　布莱恩·沃恩（Brian K. Vaughn））等：我十多岁大的女儿爱上的第一本漫威漫画书。书中有一个简单的前提：孩子们的父母是超级大坏蛋，所以孩子们必须逃走并且想办法联合起来阻止他们。友谊和忠诚贯穿了整个故事。

《新少年泰坦档案》[4]（作者　马弗·沃夫曼、乔治·佩雷兹）：在本书中罗宾成为夜翼，星火和乌鸦首次登场，而丧钟已经成为永世坏蛋。卡通电视剧《少年泰坦》借用了许多这部书里的故事。

14 岁以上年轻读者书目

《睡魔》[5]（作者　尼尔·盖曼（Neil Gaiman））：我丈夫主修英文文学，这是我强烈推荐他看的唯一一个漫画系列。盖曼的故事在二十多年前发表时就备受赞誉，而呼声一直持续至今。这个故事讲述了梦和希望的力量，还展现了即使在非人类的精灵身上也能够找到仁慈的思想。给父母的警告：这个系列里有一定的成人情感，所以把书给孩子看之前要先亲自阅读一下。（当然，如果这是你第一次读，你一定会先一口气读完再给孩子看。）

《DC：新前线》[6]（作者　达尔文·库克（Darwyn Cooke））：每当有人问我为什么热爱超级英雄的时候，我就把这本书给他们看。这本书对超人、蝙蝠侠、闪电侠、绿灯侠和火星猎人等 DC 漫画的英雄进行了重塑，故事假定他们在 20 世纪 50 年代诞生。这个故事中的英雄们走过了极其黑暗和多疑的时代，直到 60 年代新前线的来临最终带来希望。我在这本书中读到了最佳版本的闪电侠和绿灯侠，此外书中还有一段有关火星猎人的令人印象深刻的小插曲。

《猫女》[7]（作者　埃德·布鲁贝克（Ed Brubaker）等）：2001 年，由达尔文·库克和埃德·布鲁贝克重新设计而再次发布。这个黑色悬疑系列讲述了一个内敛的赛琳娜·凯尔（Selina Kyle），她是高谭市一个破落区域的守护者（以她自己反英雄的方式）。由于故事中出现限制级的性和暴露画面，儿童不宜观看，但这些画面的处理非常成熟和现实。

《秘密六人组》[8]（作者　盖尔·西莫内等）：秘密六人组是一群因脆弱的友谊而联合在一起的坏蛋，他们觉得自己不会被其他任何人接受。他们想搞破坏，但当他们遇到比自己更卑鄙、更强大的人时，他们却常常做了好事。这是个情节曲折黑暗但又温暖人心的有趣故事，讲述了一群想做好事却不理解什么是好事的人的故事。

1　原名为 *Crisis on Infinite Earths*。
2　原名为 *Blue Beetle*。
3　原名为 *Runaways*。
4　原名为 *The New Teen Titans Archives The New Teen Titans Archives*。
5　原名为 *The Sandman*。
6　原名为 *DC: The New Frontier*。
7　原名为 *Catwoman*。
8　原名为 *Secret Six*。

秘籍 3

床下收藏的漫画书

学习可以在家里任何地方进行，而且不需要特殊器材。让孩子带上浇水用的软管和水桶去院子里，他们一下午学到的知识很可能等同于上一个月的科学课。当然，大多数创客家庭都拥有大量的书籍、录像带和媒体设备，能让孩子得到他们想要的所有信息。但如果你真的想鼓励孩子在家里学习，那么最好在手边准备好各种孩子能自己轻易拿到的工具或材料。许多家庭教育者都知道，一些最好的教育都是在孩子们独自追随热情和突如其来的灵感时发生的。

创客们最为人知的地方是他们对某些事物的痴迷和特殊癖好，但他们的适应性却极少有人了解，所以当两个创客相遇并开始组建一个家庭的时候，就会出现许多不谐调。就在你生活中的所有事都开始按照你的想法进行的时候，另一个坚持个人观点的人出现了。调整真的很难。但为了维护你们的关系，学会容忍同伴个人的创客癖好是最好的办法。

并不是所有的智慧妈妈都嫁给了创客爸爸。和许多东西一样，创客爸爸的情怀存在一个从“喜欢第一部《星球大战》电影”到“把第一个女儿取名为莉亚（《星球大战》中公主的名字）”的连续过程中。我丈夫处于两者间：他说服我接受在一个主题公园度蜜月，而且每年都用《星际迷航》中的饰物装饰我们的圣诞树；好多次我发现餐桌上放满了各种电脑零件；但他并不是个科技迷——事实上，他的手机只能打电话用，他用纸质信件来支付我们的账单，而且他连一个苹果牌的电子设备也没有。

但从另一方面说，他有许多漫画书。在我嫁给他的时候我就知道，他给我们的结合带来的财产之一将会是他从初中就开始收集的各种漫画书。有一次我们开玩笑，说他放在他母亲阁楼里的几箱首刊漫画书就是我们孩子上大学的学费。后来有一天我回到家后发现我们的床被架高，床下放了 6 个白色大硬纸箱子，里面整整齐齐地摆满了漫画书。

如今我们的装饰风格完全是折衷的。我丈夫从没抱怨过在沙发上方的书架上摆放着海德薇毛绒玩具和金色飞贼摆件。他也从未建议我拆掉那条从储存室穿过厨房天花板然后绕着楼梯扶手进入主卧（还要绕过窗帘杆）的晶体收音机天线。而我也最终接受了他的动物存钱罐和他 8 岁时在迪士尼世界得到的老虎玩偶，这个玩偶就摆在他床边的架子上。

但用塑料竖管把床架高 15 厘米，然后在下面放满装有漫画书的箱子，这看上去已经有些过火。我并不是反对他的特殊爱好，但这些书必须放在床底下吗？我得承认，压抑住想对着这些东西发脾气的想法并不容易。不过，最后我觉得抵抗也无济于事。毕竟他宽宏大量地容忍了（有时甚至还鼓励了）我的怪癖。这些年来我丈夫的行为也表明，那些珍视自己童年纪念品的创客爸爸一定是位好爸爸。

不过也许最重要的是，如果没有我们的创客丈夫和他们令人发狂的怪癖，那么我们该在博客里写些什么呢？

项目 4

跟随线索寻找宝藏

如果你想给孩子或者爱人藏一封密信、一件生日礼物或者某种奖品，自创一个寻宝游戏会非常有趣。孩子和成年人都能玩这个游戏，只要按适当的难度水平制作线索即可。不管年龄多大，你的特工都愿迎接并享受解决谜题和寻找隐藏宝藏的挑战。

纵观历史，战争期间人们经常利用密码传递信息或者掩盖真实的行为。根据你藏宝的原因，为线索设置一个主题会使寻宝更加有趣。主题可以是战争时期的间谍、寻找海盗“埋藏”的宝藏，或者在朋友之间传递悄悄话字条。

STEP 1：设置秘密线索

选择你想制作的线索种类。你可以创造一个主题，使连贯的线索贯穿始终，也可以制作各种不同的谜题。如果你想使用密码做线索，则要确定密信的接受者知道用何种方法解码。对于小孩来说，在开始时给他们一小本解码书籍会很有帮助。

为信息编码的方式有很多，不过以下方法可以帮助你起步。

- 转换密码：将信息中的单词进行次序重排，制作一种乱序密码，比如变位词等。
- 替换密码：用不同的字符、符号或声音替换原信息中的每一个字母或者字符，比如摩尔斯电码。
- 符号密码：利用特殊符号代表不同的字母或者单词，比如信号标记和符号语言。

制作线索的其他方法如下

- 利用隐形书写隐藏信息。例如，用柠檬汁在纸上写字。特工需要想法将信息显示出来，比如把纸放在蜡烛上或者用其他方式加热。
- 用外语写线索。比如，用希腊语或者罗马数字。
- 设障碍。“秘密特工”必须想法把某些东西从树上拿下来，或者从绳索中解出来。
- 利用全球系统定位坐标作为线索，让秘密特工利用一个全球定位系统设备寻找隐藏地点。
- 给秘密特工一个指南针，在线索里暗示他们向哪些基本方向去寻找。

免费	30 ~ 90 分钟	5 岁以上	简单

所需材料

- 装线索的容器（比如塑料彩蛋、小药瓶、金属硬币筒、薄荷糖筒、装钥匙的盒子、零食袋等）
- 写线索的纸和笔
- 帮助制作密码的书籍或者参考材料
- 藏宝箱或其他特殊的终极宝箱
- 终极宝箱里的小奖品（比如多面体骰子、蜡绳、纸牌或者掷骰子等小游戏用品、书籍、阳光下不易融化的糖果）
- 特工需要使用的笔记本和笔

提示：

- 你可以通过把所有线索都隐藏在同一种容器内或者完全不同的容器内以控制难度。
- 改变隐藏线索的地点。不要把所有线索都藏在草丛、树后或石头下。
- 在计划时将线索标号分清，如此会对你有所帮助。
- 最重要的是：记得倒序制作线索！首先确定你想把终极宝箱藏在哪儿，然后从这里倒着设置线索，先决定宝箱的终极隐藏位置，再制作信息指向这些隐藏点。这样你总能按照需要决定寻宝何时结束，或者通过增加更多线索让寻宝的时间更长。

STEP 2：隐藏线索

在选好所有线索和隐藏地点之后，把容器装好，然后在“特工”不注意的时候把它们藏在指定地点。前期不要把线索藏在太远的地方，也不要藏在天气变化或好奇的路人可能干扰到的地方。

STEP 3：掌控寻宝难度

一切就绪后，把第一个线索以及笔记本和笔交给“秘密特工”，然后就在一旁观看。有些线索事实上要比你起初想象得更容易或者更难。一定要给“秘密特工”们独立解密线索所需的时间，但也要根据他们的年龄和耐挫程度给予一些小提示。只要你的“秘密特工”找到了最终的线索，就祝贺他们。他们完成任务了！

COMICS
GAMES

秘籍 4

蒸汽朋克和创客文化

目前，人们对蒸汽朋克是何时开始的还没有定论。有些人认为蒸汽朋克起源于赫伯特·威尔斯（H. G. Wells）和儒勒·凡尔纳（Jules Verne），有些人则称蒸汽朋克是在充斥着衬裙和单片眼镜的文学描写中成熟出现的。不管蒸汽朋克起源于何处，我们最起码可以把这个名词归功于凯文·基特（K. W. Jeter），他在1987年4月写给《轨迹》（*Locus*）杂志的一封信中使用了这个名词。你可以把蒸汽朋克想象成一种过去的维多利亚时代的未来，标志性物品包括各种齿轮、铜管、束身衣、防护镜、飞艇和手枪。

蒸汽朋克已经成为科幻小说的一个重要种类，柴纳·米耶维（China Mieville）、切丽·普利斯特（Cherie Priest）和斯科特·韦斯特菲尔德（Scott Westerfeld）等现代作者已经创作出大量作品，它还促进了服装定制、小物品发明和创客文化的崛起。只需了解一下制汇节（Maker Faire），你就会发现有许多创客穿着带有个人创意的维多利亚时代衣物出现。

尽管蒸汽朋克文学的内容是想象维多利亚时代的某种未来，但蒸汽朋克创客们把它当作生活的一部分。从音乐到科技，当今的蒸汽朋克涉及许多亚文化种类，而且有些人甚至从理论上论证它起源于20世纪90年代的哥特运动。不管是手工制作的皮质束身衣，一副护目镜，还是一个重新设计的电脑外壳，蒸汽朋克美学已经大获成功，并且正在迅速深入大众的心中。

项目 5

制作简省的蒸汽朋克服装

尽管近来的蒸汽朋克时尚转向商业化，但蒸汽朋克深深地根植在创客文化和旧货店里。在我读初中的时候，我妈妈开始带我逛旧货店，在那里我可以为我的衣橱增加一些独一无二的有趣物品。所以我很自然地爱上了制作蒸汽朋克服装和手工设计。

蒸汽朋克装束并没有严格的区分标准。大多数人会打扮成模糊的维多利亚式外形（当然除了那些把束身衣穿在外面而不是里面的女士们）。有些人错误地认为蒸汽朋克就是使用棕色（正如杰斯·内文斯（Jess Nevins）的著名引述所言：“蒸汽朋克就是棕色的哥特风格”），但你真的不用因为一种颜色而为难。事实上，维多利亚时代的人喜欢各种大胆的颜色、图案、面料以及各种古怪的帽子。随意翻阅一下 19 世纪末的《时尚芭莎》，你就会明白我的意思。

旧货店是为服装寻找便宜物件的理想地点。不仅因为更便宜，更因为这样更环保，而且比直接购买成品要更有趣。不用说你最后的作品也会更加独一无二，而且甚至都不需要用缝纫机（不过我时不时会用一下喷胶枪）。

STEP 1：准备基础衣物

准备一件女式长袖衬衫和一条长裙，或者准备一件男式衬衫和一条长裤。舒适、简单（而且便宜）的基础衣物会有很大帮助。

STEP 2：一定要找一条皮质腰带

找找各种铆钉皮带、压花皮带和有趣的皮带。把它们叠起来环住。你会为它们漂亮的样子而惊叹！

STEP 3：穿衣穿多层

穿多层衬衣，要在束身衣外面套上小背心，在戴手套的同时穿袖口等。我觉得我见过的最好的蒸汽朋克服装看上去都很自然，把不同的衣料和图形叠加起来穿真的很好。

STEP 4：搜寻服装以外的物件

逛逛家居用品店，找一些零碎布品。一两件机械用品，比如生锈的老提灯、腰带扣、徽章、鸟笼等都能烘托出你服装的故事。尽管你不必非要想出一个主题，但有一个主题能帮助你（或者你那容易分心的小创客）保持专注。如果你不喜欢某些东西的颜色，不要担心：金属喷漆一定能解决你的问题。

STEP 5：进行尝试

我半数的服装都是围绕一个中心物品（比如束身衣）增加许多其他可循环使用的配饰（如围巾、帽子、披肩、鞋子、珠宝等）而制成。蒸汽朋克是个性的表达，但同时也要物有所值。从狂野西部到近东风情，去尝试不同的灵感，这样你永远都能找到好点子！记住：防护镜只是推荐物，并不是必需品。

旧货店小孩的冒险

淘旧货对我来说出于必需，但如果不是我妈妈，这种经历绝不会让我有这种感受，她是一个十足的旧货店创客。我无法说明我是从什么时候开始去旧货店的，因为在我的记忆里这种经历贯穿了我们的生活。我妈妈继承了她母亲对高品质衣物和珠宝的眼光，再加上惊人的时尚感（典型的出于潮流影响的那种），她看上去总像个女明星，但花钱却不会超过预算。无需多说，她能把每一次去旧货店的过程都当成一次冒险。

我承认在中学时我总想买一些 20 世纪 70 年代的物品（如喇叭裤、颜色花哨的短袖衫以及天鹅绒衬衫等），但在杂货店里我得到最多的还是历史方面的知识。如今我能辨认出多种斯波德式的瓷瓶图案，能在 20 步之外辨识纯银物品，还能在一大堆包包袋袋里找出某位设计师设计的钱包。

事实上，旧货店能给人上绝佳的历史课，而不仅是让人买东西。没错，找到一条能让你看上去像明星的 A 字裙的确很激动人心，但通过多年来在旧货店寻宝的经历，我发现这个过程也同样重要。旧货店里到处都有学习的机会。带上你的孩子，让他们猜一些物品的名称（如录像带盒、火烧式爆米花机、胡须咖啡杯等）。你可以利用这些机会给孩子讲述事物的变迁，或者补充那些连你们都不了解的历史知识。

只需要一点搜索和一点想象力，你也可以在任何一家旧货店里冒险！

项目 6

给妈妈们的省钱的复古束身衣

这个项目由一次逛艺术品商店的经历所激发。那时我们的生活在财政上极其节俭，我们当地的文艺复兴大会即将开始，不幸的是，我没有合适的服装参加这一盛会。

$$$	时间	年龄	难度
自由	不定	成年人	较难

所需材料

- 竹片垫子（3 片即可）
- 结实的胶带（绝缘胶带或者布胶带）
- 所需布料（根据每件束身衣的构造和制作说明而定）
- 缝纫机（除非你要完全手工制作）

然后我在商店里发现一个包裹着画笔的竹片垫子，我想起我家也有几个类似的垫子，但我都把它们当作餐具垫使用。它们的大小和形状用来做束身衣的骨架刚好合适，尤其在骨类、塑料或者金属骨架（这些通常是束身衣最贵的一部分）都非常昂贵的时候。再加上我家里还有好几尺厚蕾丝、一些样式漂亮的格子呢料以及除了绸带以外的任何东西，我可以只花 90 元左右就制作一件束身衣。

STEP 1: 集齐所需材料

这个项目非常灵活，而我在针线方面也不是很有天赋。我依靠“伊丽莎白时代服装”网站上的尺寸计算器和指导制作了两件束身衣（尺寸计算器在网页：elizabethancostume.net/custompat，指导和更多细节在网页：elizabethancostume.net/corsets）。我强烈推荐这个网站，但我只推荐在制作文艺复兴时代复古束身衣时使用竹片，因为竹片通常比较硬，而且在表现直线条时效果最好。

STEP 2: 拆开几个竹片垫子

这很简单，一般只需把连接竹片的线剪开即可。

STEP 3: 整理竹片

把细竹片按 3 根或者 4 根分成一组，直到数量足够放进束身衣的衬缝里为止。一组竹片要和细铅笔一般粗细或者更细一些。前胸处（装饰蕾丝的地方要用更坚硬的竹片）我使用了垫子上正好带的扁平竹片。如果你没有这种竹片，你可以把竹片折叠，从中间把每组竹片粘起来，然后根据你的尺寸对竹片进行修剪（你可能需要一个电磨工具才能做到，因为竹片很结实）。

STEP 4: 粘好竹片的两端

用胶带把竹片的两端粘好。这点很关键，因为单个竹片会随着你的移动而移动，如果不把两端粘好，它可能会把衣服捅破！

STEP 5: 放好骨衬

把竹片骨衬放进衬缝里，然后完成束身衣的造型（通常这是完成针线缝合之前的最后步骤）。无论你想用织锦、丝绸、棉布还是格子呢料进行装饰，这都不重要。竹片最酷的地方在于它的短期性，伊丽莎白时代的人还把干芦苇秆用作骨衬。到现在我已经穿过几次竹片撑的束身衣，我可以证明它的力量和支撑性都很好。

伊迪斯·海德：服装设计师和励志偶像

姓名：伊迪斯·海德（Edith Head） 生卒年月：1897 年 10 月 28 日—1981 年 10 月 24 日
职业：服装设计师 最为人知的特点：独特的个人扮相

作为明星们的著名设计师，伊迪斯·海德（Edith Head）极为聪明地使自己踏入电影业。从斯坦福大学毕业后，她很快找到一份教法语的工作，尽管她在艺术方面相关的背景非常少，但她还是想办法说服校方让她教艺术课，同时自己读夜校上艺术课以赶上进度。1924 年，相关的知识和经验使她在派拉蒙影业公司得到了服装草图画师的职位，这也奠定了她在美国电影历史上的地位。

当时大多数服装设计师都是男性，所以伊迪斯已经属于个例。但真正把她与其他设计师区分开来的是她的工作风格——她会和女明星们进行沟通和咨询，而男性设计师却极少这样做。这使她成为 20 世纪 40 年代和 20 世纪 50 年代风头最盛、女明星们最喜欢的设计师，这些女明星包括贝蒂·戴维斯（Bette Davis）、格蕾丝·凯利和奥黛丽·赫本。伊迪斯极受欢迎，公司经常被迫在女明星们的要求下把她暂借给其他公司。她还经常为阿尔弗雷德·希区柯克的电影设计服装。

由于派拉蒙影业的政策希望他们的电影永不过时，所以伊迪斯设计了许多不过时的经典款衣饰。在工作 15 年之后，伊迪斯成为派拉蒙影业的首席设计师，并且在派拉蒙又工作了整整 30 年。后来她转到环球影业工作，直到生命结束。

伊迪斯曾为一千多部电影设计过戏服，而且获得过 35 次奥斯卡奖提名，其中 8 次获奖，她是获得奥斯卡奖提名和获奖次数最多的女性。在一个曾被男性主导的世界里，伊迪斯的胆量和能力使她成为电影业有史以来最伟大的服装设计师。

20 世纪 60 年代后期，她写了一本名为《如何穿得成功》[1] 的书，书中包含了各种不同场合的穿着建议和禁忌，比如在求职时怎么穿、约会时怎么穿、如何进行全身搭配以及增加配饰等。不过，书中也充满了她本人的引言，传达了许多时尚之外的智慧。

1 原名为 *How to dress for success*。

但不要以为她只为电影明星设计时装。20世纪70年代，她为美国海岸警卫队的女性设计过制服，并因此获得一个奖项。

伊迪斯参与设计的最后一部电影是由史蒂夫·马丁主演的《大侦探对大明星》。由于经验丰富，她被选中为这部片子重造一种20世纪40年代的伤感忧郁氛围。如今她在好莱坞的星光大道上拥有一颗星。

即使今天，伊迪斯·海德也仍在精神上与我们同在。2003年2月，美国邮政部发布了一系列以电影幕后人物为主的邮票，伊迪斯·海德就在其中。“他们可能成为巨人”乐队还写了一首歌叫“她认为她是伊迪斯·海德”。当然了，电影《超人总动员》里的“衣夫人”与伊迪斯惊人的相似。尽管导演没有明确表示两者之间的联系，但对我来说衣夫人明显就是卡通版的伊迪斯·海德。

秘籍 5

培养孩子的创客热情、参加大会和制作服装

毫无疑问，创客空间和制汇节已经成为创客文化的基石（在美国叫创客大会，Maker Faire）。无论你是知识型创客、旅行创客、手工创客还是科技创客，一定有某个大会适合你。大会不仅能让人了解到最近的著名创客（或者从未涉足过的领域），而且还是认识其他创客的绝佳场地。就我来说，我就是在大会上（在波士顿的 Pax East 大会和加州圣马特奥的创客大会上）见到了科琳娜、凯西和珍妮。除了可以见到只能在虚拟世界了解到的人以及你从不认识的人之外，大会还是一个真正的创客聚集地，在那里你能够沉浸在游戏、趣味和文化之中。

但孩子该如何适应进去？无疑，这个问题可没有轻松说出的答案。短期参加任何或大或小的大会都会让你找到许多种让孩子融入其中的方式。不过，有些人这么做而有些人却不这么做。我遇到过许多种情况：有的夫妻雇保姆在晚上照看孩子，有的把孩子装束成尤达大师的模样放在袋子里带在身边，有的父母则把孩子留在家里单独享受周末。

无论你怎么打算，带孩子参加大会都要比单独参加大会困难得多。你需要提前做计划，设定实际的目标。也许最重要的是，你应该先弄清楚你参加大会的目的是什么。如果你想要的是一次浪漫出逃，那么带着孩子就不是个好主意。如果你想要的是家庭旅行，那么你应该确定那次大会适合家人（尤其是年龄较小的孩子）参加。而且你相信吗？只要你被邀请的时间足够早，有些大会还会提供儿童日托服务。但有些大会的确不适合孩子参加，所以父母在确定全家出动前要做好足够的调查工作。

培养热情

许多创客天生就是粉丝，为了接近他们喜欢的演员，他们愿意付出任何代价。但要当心，当你的孩子成长到有自己迷恋的偶像时，他们可能会让你参加与你意愿相悖的大会或者让你帮忙要明星签名。从来没想过你会为了得到海绵宝宝的配音员汤姆·肯尼（Tom Kenny）的签名而排 6 个小时队的吧？

如果你已婚或者组团出行，一定要提前做好计划，而且要听取孩子的意见。如有必要，分组带年龄小的孩子参加各个小组会议，与能自主活动的大孩子或者少年约定在某个点汇合。如今孩子已经成为各种大会必不可少的一部分，许多大会专门安装了追踪小孩的监控器。

当然，密切关注孩子和保持计划意味着你必须做出一

些妥协，很可能你要坚持着参加一些你根本不感兴趣的小组会议。但如果你希望你的孩子成为一个充满热情、知识广博和热爱乐趣的参会者，那么帮助他们适应大会的环境和支持他们的兴趣是至关重要的。记住，每个人对欢乐时光都有不同的理解。

参加大会

一点计划就能起到很大作用。以我们家为例，我们在一开始决定带儿子去一次在本州举办的小型会议。当时一个科幻小说会议在一家小酒店举行，我是受邀嘉宾。在我参加会议时，我丈夫负责照看孩子。他带着儿子了解周围的地形并带他去逛商场。他们逛街最大的收获就是只用60元就买到两盒风火轮赛车。这是不错的经历，即使我们感受不到他们的乐趣。

如果你要带孩子参加会议，一定要倾听他们的想法。找出那些能让孩子活跃起来的大会，同时确保自己也能得到一定收获。保持平衡很重要。如果你的孩子特别敏感或者内向，那么最好不要一开始就带他们参加大型大会，除非你能确定他们可以待在安静的地方（相信我，在举行大会期间，即使是“私人”酒店房间也会非常喧闹）。即使你不带孩子，也要注意参加大会可能会比你想象的更累。最好计划用旅途的前一天或者后一天来储存体力或恢复状态。

制作服装

那么制作服装呢？家里添了小创客之后，你可能再也不能像以前那样有大把时间制作服装，而且再也不能手工钉珠或者定制细节了。制作成套的家庭服装？除非你的孩子特别乖，否则想都别想。大多数情况下，在参加以服装为主题的大会时，孩子们在穿着方面（如果他们穿衣服的话）所想与成年人可能会完全不同。

制作样式简单的服装从长远上看会很有好处。尽量避免制作那种需要很多手工细节的服装，可考虑用途相对多的服装，比如蒸汽朋克服装或者马尔船长式的制服。在旧货店淘得的衣服上稍作改动就可以制作出许多著名角色的服装，也可让你的孩子来帮忙。多构思你要制作的服装的各种基本组件，齐心协力在大会之前把服装做好。一切要从实际情况出发，但如果你能投入金钱和时间制作一套能够经年（或者传给下一代）的超酷服装，那么这种机会千万不要错过。

不管你选择什么方式，参加大会都是有益的体验，也是值得纪念的绝佳家庭经历。但在出发前要弄清楚你对“有益”和“值得纪念”的定义是什么，同时做好准备迎接意料之外的事情。因为你永远都不知道会发生什么！

孩子与服装

每个孩子都与众不同。有些妈妈希望孩子在能区分不同的裤子和衬衫时开始穿特定的服装，而结果是孩子无所谓。有些妈妈则震惊于孩子总想把所有衣服都穿成披风或者裙子。

无论何种情况，你都应该在合理范围内为孩子引导方向。不是每个家长都有时间或者资源去满足孩子的每一个要求。但是，给孩子足够的空间参与决策，激发他们的活力和想象力总能获得最好的结果。

一位 4 岁小孩的妈妈就是这么说的。她的孩子在 4 岁时想在万圣节打扮成一个蒸汽朋克狮子狗。你知道吗？结果他看上去棒极了。

第 2 章 CHAPTER 2

烹饪游戏 提升自理能力

烹饪很可能是最常见的创客爱好。想一想：火候与时间的平衡，碱和酸的微妙炼金术，舌头上各种味道的温柔打闹，更不用说食物里书写下的历史。这是乐趣和痛苦，但也是种必要，由于现代人的高级感觉和极其多样的饮食习惯，这种必要才能被容忍。世界上没有两种相同的文化，也不存在判定“美味”的黄金标准。但是，在绝大多数情况下，全世界的家庭都会在共同烹调美食后围着餐桌一起享用劳动成果。

尽管我们的母亲和祖母都曾想办法逃离厨房，但近来智慧妈妈们（和创客爸爸们）又重新发现了烹饪的魔力。食谱不再仅限于人际间的缓慢传播，它们开始出现在互联网上——这都归功于电视上奇妙的烹饪节目和厨房达人，如艾尔顿·布朗（Alton Brown）、安东尼·波登（Anthony Bourdain）、奈洁拉·劳森（Nigella Lawson）和安德鲁·席莫（Andrew Zimmern）。也许没有人能在科学角度上胜过艾尔顿·布朗，他的节目《美食天下》[1]有时看上去就像是基于食物的《流言终结者》；奈洁拉·劳森热衷于享受高卡路里食物并且专注于饮食体验，揭示了食物从盘子到口中的感觉历程。安东尼·波登和安德鲁·席莫让我们了解到世界各地的食物，为我们介绍各种习俗和文化（无论它们有多么离奇）。还让我们明白食物正处在一个十字路口。饮食不再是东方遇到西方，而是在真正地融合。而我们这些幸运的家庭可以共同体验这个过程。

如今我们常在社交媒体上看到创客家庭一起制作寿司，或者用野生酵母烘焙面包（更不用说烹饪野禽了），或者实验从阁楼或酒窖里挖掘出来的怪异食谱。如今甚至还出现了专门利用劣等食材的潮流！看起来所有人都在参与烹饪活动。

但是，除了食谱之外，烹饪对创客家庭而言还意味着协作，有时距离会远到从农场到餐桌。让孩子参与烹饪是教他们新知识的绝佳机会。一点玉米淀粉加水？出现了魔法糊！和他们一起做实验证实酵母之间的差异：怎样比较发酵面包和速制面包？它们的结构有什么不同？烘焙和烹饪提供了无数让孩子针对科学、历史和文化提出问题、进行探索的机会。更重要的是，这能为他们在外生活做好准备（我听说许多男孩因为会做正宗的饭菜而在大学里大受欢迎）。向下一代传授烹饪知识、把对美好食物的热情灌输给孩子不仅能够教育他们，同时也会烹制出让所有人都铭记一生的味道和记忆。

1 英文原名为 *Good Eats*。

秘籍 6

怎样让你的孩子做饭

我认为教孩子做饭（以及打扫卫生、洗衣服、清理个人卫生以及所有其他文明生活的小任务）是做父母的主要责任之一。这不仅对他们个人有益。作为男孩们的妈妈，我感觉自己对他们未来的室友和配偶负有特别的义务——我应该让儿子们学会在任何家庭状况下照料自己。当然，令我倍感欣喜的是，在家庭学校学习中增加“实用营养学”单元意味着我可以少准备晚饭！事实是，我认为教孩子们做饭是我整个养儿育女生涯中最成功的策略之一。只要你懂得一点技巧，这个过程并没有看上去那么难。

可以教孩子做一些他们最爱吃的食物。为什么非要等到他们长大后再把家传菜谱传给他们呢？如果孩子热爱你制作的烤肉卷或者你父亲制作的意大利面酱，他们会非常乐意在你忙碌时自己动手制作。你也可以反向利用他们最爱吃的乳酪激发他们制作食物的强烈兴趣，不过，这次你要准备真正的乳酪白酱。

也可以利用厨房器具引诱他们。你知道，孩子在很小的时候就很想玩微波炉，所以你可以让他们制作一些“杯形蛋糕”，你们都会喜欢这个简易的食谱（geekmom.com 上也有我个人版本的链接）。或者给他们分配任务，让他们利用慢速蒸煮器皿（如煲汤锅）制作普通的食物。斯蒂芬妮·奥蒂（Stephanie O’Dea）的博客“每天慢工做食物”（crockpot365.blogspot.com）上包含了从糖米酥到墨西哥汤的各种食谱，这类网站上有许多资源可以让他们利用。新娘送礼会上收到的冰激凌机还在吧？让孩子发明一些大家闻所未闻的口味，充分利用它！如果你想利用更多其他厨房器具，杰夫·波特（Jeff Potter）的书《烹饪好好玩》[1]可以给你灵感。

- 利用兴趣捕获他们的注意力。你可以利用孩子的痴迷将他们引入厨房。在我们家的科幻电影迷还小的时候，他们非常喜欢在《星球大战食谱》[2]里寻找类似双黄面包（夹蛋面包的一种变型）或者钛战机四角面包（一种非常畅销的“火腿面包”）等食谱。我也在根据劳拉·英格斯·怀德（Laura Ingalls Wilder）的著名系列书籍而编写的《小房子烹饪书》[3]里，发现了我个人最喜爱的食物之一——炸苹果和洋葱（拌熏肉）。我儿子酷爱电影，他在十多岁时看《墨西哥往事》，导演罗伯特·罗德里格斯（Robert Rodriguez）在视频特辑里示范制作墨西哥猪肉饭（puerco pibil）。后来他自己要求动手做这道菜，让我大吃一惊。
- 把烹饪当成游戏。给孩子设定游戏规则，让他们仅利用冰箱里的食物、商店里的打折物品或者市场上的时

1　原名为 *Cooking for Geeks*。
2　原名为 *The Star Wars Cookbook*。
3　原名为 *The Little house Cookbook*。

鲜果蔬设计食谱。或者让他们使用有限的钱购物，然后计算他们做出的餐饭的营养含量有多高。在他们寻找食谱的过程中，你可以在搜索引擎中输入他们想要的食材，整理搜索结果，从而帮助他们锻炼互联网搜索技巧。你也可以收集一些儿童烹饪书籍，然后教他们如何使用索引。

- 准备让他们接手。当你的孩子有心情做饭（而且你也放心让他们单独待在厨房）时，让他们帮一点小忙或者在你有需要的时候替你做饭。确保冰箱里一直放着他们拿手菜的食材，在日历上标出他们做饭的日期，或者让他们用做饭抵换其他他们必须做的日常家务。最重要的是，在他们不按你的方式做事时，你要抑制住说教的欲望。如果你想让他们为你排忧解难，同时还让他们学会自立（你当然想了，不是吗？），那么就站在一旁给他们自由发挥的机会。孩子们总是可以应对各种状况的，所以你只需轻松坐在一边，等他们叫你吃饭就好啦！

制作这份美餐的灵感来源于我和我丈夫刚开始约会的

项目 7

制作霍比特式盛宴

别的不说，霍比特人绝对是懂得享受的人。也许《双塔奇兵》（托尔金所著的《指环王》三部曲的第二部）中的一个场景最能说明这一点：在见证埃辛加被摧毁后，梅里和皮平发现储藏室里放满了食物，然后两人忘乎所以，开心地大吃了一顿。霍比特人让我们明白，即使在最惨淡的时刻，一顿好饭也可以产生神奇的魔力。

时候。我们在一个多玩家角色扮演游戏（MUSH，或者说基于文本的角色扮演游戏）里相遇，这个游戏就是基于托尔金的故事开发的——更准确地说，我们两个都是霍比特人，而食物经常出现在我们的游戏场景里。后来我想在现实生活中制作出一些游戏里的菜肴，尽管财政很紧张，但我还是在霍比特人的激发下制作出了花样拼盘——也就是我们所说的“霍比特晚餐”（不过这更像是霍比特人的零食，因为我认为按照夏尔的标准这个分量太小了）。那时我们儿子经常要求吃“盛宴”，通常我都会做一份霍比特晚餐满足他。最妙的是，这份晚餐可以很简单，也可以很复杂（或含有极高热量），而且能让你充分利用冰箱里余下的零碎食物。

STEP 1：选择菜单

建议：

- 3 ~ 5 片高品质奶酪。推荐：成熟的切达干酪，都柏林人干酪，温斯利代干酪，斯提耳顿干酪，熏切达干酪，布里干酪，卡芒贝尔奶酪，山羊乳干酪。（口味和质地的类型越多越好。）
- 煮鸡蛋，至少每人一个。
- 腌制食物：腌黄瓜（甜味或酸味）和腌洋葱都是最佳选择。由于住在南部，我还喜欢加上腌秋葵。有时我也会增加一些腌棕榈心，不过极少有人选择这种做法。
- 肉类食物：腌肉（腊肠、辣香肠、熏火腿、火腿等），面类制品（如果你家附近刚好有乔氏连锁超市，你可以买到价格在 30 元以内的面类制品），剩下的鸡腿、

$$

60 ~ 600 元

30 分钟

9 岁以上

简单

所需材料

- 品质优良的大盘子（坚固的砧板也可以）
- 以下描述的食物

香肠、脆烤肉也不错。你可以自由选择类似食品。

- 面包：面包是这份美餐的中心食物之一。如果你想大量放入某一类食物，那么质量好的面包绝对是首选。我喜欢酵母面包或者高品质的乡村面包。不要忘记加入调味品，放入柠檬酱、柑橘果酱或者醋栗果酱。另外，记得一定要准备黄油。

STEP 2: 摆放食物

由于制作这份美餐几乎不需要烹饪，所以你只要把食物摆放在盘子里即可（如果你的客人很多，你需要准备多个盘子）。即使家里年龄最小的孩子也可以参与其中。当所有食材混合放好，各种果酱和黄油罐也放好后，你会发现它们看上去真的极其诱人。记得一定要为每位客人都准备小餐盘、合适的餐具和公用的勺子。

STEP 3: 向美食的作者致敬

（可选项）在开动之前，朗诵一些托尔金的诗歌。我一直都很喜欢山姆哼唱的诗歌（当然是描写就餐情景的），比如“漫漫前路，无穷无尽”，一直如此。

STEP 4: 大吃一番

或者说慢慢消化?

秘籍 7

有没有好吃的

我很喜欢烘焙食品，但我讨厌做晚饭。并不是说我不能做饭，但准备晚饭是一天中最累的时候，那时我刚参加完各个课后活动或者做完家务或者加完班，因此做晚饭经常让我感到厌烦。

由于经常将就着做简易饭菜，所以我很依赖电饭锅和菜单计划。但有时候我一直忙到下午 5 点，然后还必须应对孩子提出的问题："妈，我饿了！晚饭吃什么？"

下面是一些在任何时候你都应当储备的主要食品。集齐以下食品只需花费 60 ~ 180 元。

- 面粉
- 饼干粉
- 鸡蛋
- 牛奶
- 面包
- 燕麦片
- 意大利面
- 罐装意大利面酱
- 加工干酪
- 个人喜欢的调味品

这些食物的共同之处在于它们的保质期都在两周以上（我说不准商店出售的罐装意大利面酱的保质期有多久，我也不敢做实验）。

本文的中心思想是在短时间内让孩子吃到食物。如果你很反感这种想法或者你认为必须为孩子准备一些像样的晚餐，那么建议你略过余下的内容。

我做简易晚餐的首选是"早餐式晚餐"。和好鸡蛋、面粉、面包和饼干粉就可以制作薄饼或者法式面包了。如果我们的蜂蜜已经用完，那么储存室里一定有以下替代品：果酱、肉桂糖、花生黄油或者蜂蜜。偶尔在所有备选食品都用光的情况下，我会在薄饼或者法式面包上倒上巧克力糖浆。第一次吃过这些食物后，孩子们自然会一再要求我再做一些。

即使没有牛奶，燕麦粥也可以拿来当主食。必要时推荐制作薄饼用的类似调味品或配料也可以拿来使用。当然，鸡蛋可以水煮、煎炒或者做成半熟。

速成披萨饼也是孩子们的最爱。取一片面包，在面包上涂一层意大利面酱，再加上一片加工过的奶酪，然后把放好奶酪的面包片放进烤箱烘烤数分钟。虽然不是美味披萨饼，但它能填饱肚子。英式松饼、硬面包圈或者"早餐式晚餐"中的薄饼都可以用作底部面包。如果你手边有新鲜乳酪，这样更好。但我把加工乳酪包括在内是因为它的保质期更久，更可能出现在我的冰箱里。

意大利面也是填饱肚子的好选择，超市促销时我总会多买几盒面带回家。当然，你可以用意大利面酱调味，也可以使用其他调味品。我自己使用过橄榄油、调味盐以及大蒜粉、洋葱盐和罗勒等调味品。不要局限于固定的思维。

必要时在意大利面中混入脆谷乐麦圈，其他谷物脆片也可以，这应视孩子的年龄而定。

我的孩子非常熟悉即兴创作食谱，如今他们已经开始自己制作食物。我绝不建议把这些食物纳入日常的健康餐食计划，但你可以偶尔做一些这类食物。这个过程非常有趣，同时还能消除你准备晚餐的压力。

项目 8

制作苹果披萨和夹心饼

我不太喜欢看食谱类书籍，不过我有一本厚厚的活页书，里面全都是我自己收集的食谱。创作新食品对我来说就是游戏。我会尽量快速用光冰箱里的易老化食材，动手做我想做的任何食物，同时还要使食物的外观足够吸引我们家两个（或者更多）挑剔的“美食家”。就这样，我做出了许多在其他人家可能达不到要求的食物，但坦白讲我并不在意。在我们家，只要每个人都愿意吃一点而没有人起身去自制三明治，那么这顿饭就算成功了。

我大部分想法的灵感都来源于在其他地方吃过的食物。由于我的孩子和丈夫都对某些食物过敏，所以我不能再经常去一些具有异域风情或者风格独特的餐厅吃饭。所以当我想做一些不同寻常的食物时，我就会想起在其他地方吃过（或者想吃）的菜肴，然后试着制作出我自己的版本。就这样，我发明出了这两种快餐——两者都符合我爱吃甜品的口味，虽然其中的一种在名义上还算健康。苹果披萨的灵感来源于我经常在格林威治村一家小咖啡馆里吃的夜宵，我记得那是一种加水果的敞开式乳酪三明治。由于它混合了晚餐和甜点的味道，所以我非常热爱这种快餐。夹心饼则来源于我对传统夏季甜品的痴迷。我们家一直热爱露营，所以我从本地一家售卖自制夹心饼（搭配了可爱的桌面小火罐）的餐厅获得一些技巧，然后创作出了一个没有季节限制的新版本。这个秘密成分（这是我从波特的书籍《烹饪好好玩》中学到的技巧）就是木醋酸。我不知道你怎么称呼从“自然”瓶中倒出的木质味道，但它们能起到巨大的作用。无论如何，它增加的户外芬芳都会让夹心饼味道更加纯正。全麦饼干屑完全是我在灵机一现时加进去的。试试我自创的小零食吧，看看它们能不能赢得你的心！

$$$ 60 元 | 1 小时 | 5 岁以上 | 简单

所需材料

- 披萨面团（我使用了在面包机里制作的半全麦面团）
- 橄榄油
- 碎乳酪干（意大利白乳酪、切达干乳酪或者两者混合都可以）
- 去皮的薄苹果片
- 香料（我喜欢把制作苹果派时备用的肉桂、肉豆蔻以及丁香和具有异国风味的美味孜然芹以及小豆蔻结合起来用）

1. 苹果披萨

STEP 1：集齐所需食材

你可以制作一个大披萨饼，或者让孩子制作单个的小披萨饼。你也可以把披萨制成小小的块状。把面放进平底锅后，滴一点橄榄油，撒上碎乳酪干，然后放一层薄苹果片。你可以加入任何你喜欢的香料，最后再在顶部撒上碎乳酪干。

STEP 2：烘焙完就享用

把披萨饼放进热烤箱内（温度设定在 232℃左右）烤大约 12 分钟（小披萨饼所需的时间更短），直到颜色变成棕黄色。苹果披萨的底部可以当晚饭，而顶部可以当甜点，我承认有时我会把它当成主食。不管怎样，苹果披萨非常美味，制作简易而且非常有趣！

$$$

30 ~ 60 元

1 小时

5 岁以上

简单

所需材料

- 1 包全麦饼干（9 个大小适度的饼干或者 $1\frac{1}{4}$ 杯的饼干屑）
- 6 大汤匙黄油
- 黑巧克力颗粒
- 速溶巧克力布丁
- 棉花糖（小块或常规大小均可）
- 木醋酸（超市的调味品区有卖）

II. 烤棉花糖巧克力派

STEP 1: 制作巧克力层

将黄油放在微波炉里融化。把饼干放进塑料袋揉碎然后倒进融化的黄油里。然后把黄油倒进馅饼盘里摊平。最后倒入巧克力颗粒，大约盖住底部的一半并搅拌均匀。

把烤箱温度设为 177℃左右，将馅饼盘放进烤箱烤 7 分钟，直到巧克力颗粒软化。然后用小铲将盘内物品的表面抹平。将盘子静置，直到巧克力层硬化。

STEP 2: 制作填充物

完成巧克力层的制作后，按照盒子上的馅饼填充说明制作布丁（我用了一小盒布丁和配方要求牛奶量的一半，机器搅拌 1 分钟）。制作好的布丁应该是厚厚的一层且呈奶油色。把填充物倒入巧克力外壳里摊平。将盘子静置，直到填充物硬化。

STEP 3：烤制顶部的棉花糖

把棉花糖放进烤炉烤 30 秒直到融化（千万小心，加热的棉花糖会膨胀）。然后滴入 10 滴木醋酸并将融化的棉花糖平摊在布丁上。你也可以按需在顶部放上更多棉花糖或者巧克力颗粒作装饰。

将烤箱设为火烤状态。把馅饼盘放在顶层烤架用火烤 30 秒，或者直到顶部开始冒烟即可。将顶部烤成均匀的棕色，趁热吃或者冷食都好吃。

项目 9

培养野生酵母

“厨房化学课”是智慧妈妈们最喜欢的家庭活动之一。但你知道吗？你也可以尝试“厨房生物课”。本文介绍的发酵面包配方是我们实验培养野生酵母的开端，而这个实验是我们家庭教学里微生物学研究的一部分。如今我们可以买到商品酸酵头，但在很久以前，家庭主妇和面包师们只能扑捉周围环境中的野生酵头。内行人士会告诉你不同地区的野生酵母具有不同的味道，所以旧金山酸酵母非常受欢迎。后来我们决定看看在自己的厨房里究竟能制作出哪种酵母面包。

首先我们使用面包烘焙爱好者（和微生物学家）黛布拉·温克（Debra Wink）设计的方法捕捉酵母。她之前进行的一项研究表明，在传统面粉和水中加入菠萝汁可以使酵头保持理想的 pH 值，从而达到抑菌和促进酵母生长的作用。三年前我们制作了第一批酵母，从那以后我们就再也离不开它了。

当然，保持酵头活跃需要你花费一点功夫。根据酵母权威（和角色扮演游戏编写员）约翰·罗斯（S.John Ross）的话讲，培养酵头就像是养宠物（严格来说酵头更像是菌类而不是动物，但原理相同）。要保持酵头新鲜活跃，你必须给它喂食、喂饭并且锻炼它。也就是说你必须每周（或几天）把它从冰箱里拿出来一次并带它散散步（下文会有解释）。我们大概每周用一次自制酵母制作披萨饼或者热脆皮面包。当然，等你发现使用自制酵头制作面包要比用商品酵母容易多少倍后，你一定会心甘情愿地照看这些“宠物”！

按照下列步骤制作你自己的酸酵头。只需短短数天，你就可以制作我从约翰·罗斯的经典配方改编过来的美味半全麦发酵面包了。

1. 自制酸酵头

STEP 1：开始整个过程

凭空制造出具有生命的物体可能会让你感觉有点像弗兰肯斯坦博士，但制作酵头一点也不危险，也不困难。由于面粉中包含了可以生长的酵母胚胎，所以只用全麦面就可以得到最好的结果。制作完成后，你可以把酵头存放在冰箱里备用。玻璃容器不会与酵母产生化学反应，而且你能从外面观察到酵母的变化。如果容器的开口很大，你可以直接在容器里混合酵头，否则就另备一个中型的玻璃搅拌碗。

取两大汤匙面粉和两大汤匙菠萝汁搅匀，然后盖上一层保鲜膜，将容器在室温下静置 24 小时。在第二天和第三

$$$

30 元

4～6 天

6 岁以上，需要妈妈照看

简单

所需材料

- $\frac{1}{2}$杯不加糖的菠萝汁
- 大约 1 $\frac{1}{2}$杯全麦面粉
- 大约 2 杯水
- 带盖子的玻璃容器

天重复以上步骤，增加两大汤匙面粉和两大汤匙菠萝汁搅匀。从第二天起你会看到有不少泡泡，这是活酵母在产生二氧化碳。正是因为这些气泡生面团才能膨胀起来！

STEP 2：让你的“宠物”生长

第四天搅拌已经软如海绵的混合物，然后——这是我最讨厌的部分——扔掉部分酵头。为了使酵母增长，你必须扔掉部分旧酵头，然后让它们吃更多的食物。但不要担心，一旦酵头制作完成，你可以完完全全地利用它。现在你需要量出$\frac{1}{4}$杯的酵头，然后把其余部分扔掉。在余下的$\frac{1}{4}$杯酵头内拌入$\frac{1}{4}$杯面粉和$\frac{1}{4}$杯水，室温下将混合物静置 24 小时。

在接下来的几天内重复以上步骤，直到面团膨胀至两倍大小并且产生啤酒的味道。然后把面团放进玻璃存储在碗或者广口瓶内，把盖子留出缝隙，以便释放二氧化碳气泡的气压。除非每天都用，否则你就要把酵头存放在冰箱里，只在用时再把它拿出来。

STEP 3：使用酵头

大多数配方都会要求你在开始烘焙的几个小时前重新醒酵母。醒酵母的方法就是制作“海绵”。我通常会在使用酵母的前天晚上把酵头取出，然后在一个大玻璃碗里制造出海绵状的面团。这时我也趁机清洗存放酵头的容器。我会在碗上宽松地盖上一层保鲜膜，第二天再用这层保鲜膜盖面团。

要制作“海绵”，你需要在酵头里拌入 1 杯水、1 杯全麦面粉。然后将酵头静置数小时或者一整夜。当整个酵头团都开始起泡，“海绵”就算做成了。静置的时间越长，酵头的酸性就越大。量出你所需的酵头，再拌入 1 杯水、1 杯面粉，然后把其余的酵头放回冰箱。如果你在数周之内都不用酵头，那么你就要定期扔掉部分酵头，然后再拌入新的面粉和水使酵头保鲜。

酵头的顶层可能会出现一层黑色液体，这叫“烈酒”。它是酵母产生的一点酒精（和制造啤酒一样）。你可以把它倒掉然后再倒入一层水，但大多数面包师都会把它重新搅拌进酵头里。这要视你期望的酵母浓度而定。

$$$	时间	年龄	难度
30 元	3 ~ 12 小时	6 岁以上	简单

所需材料

- 3 杯膨胀的酵头
- 1 杯全麦面粉
- 2 杯白面粉（按需增加或减少）
- 4 小勺糖
- 2 小勺盐
- 1 大勺橄榄油

II. 脆皮半全麦发酵面包

STEP 1：制作面团

一只大木勺在制作面包时能起到很大帮助，因为搅拌生面的时间越长，揉面需要的时间就越短。虽然我个人认为揉面更省力，但我也会尽量避免过多地做这项苦工！取出所需的酵头放进搅拌钵，按上述步骤喂养剩余的酵头并将其放回冰箱。拌入糖和盐，在搅拌中每次拌入半杯面粉，直到生面变硬不能再搅拌。然后把生面揉成团并放在撒了面粉的面板上。将生面团反复折叠揉压，持续在生面团中加入面粉，直到面团变得光滑而有弹性。折叠面团时你要使面团伸展开而不要撕裂。

在一个干净的钵中倒上油，取一块面团放进钵里，转动面团使其表面与油充分接触。然后用保鲜膜宽松地盖住面团，把面团放在温暖的地方静置 3 个小时左右，直到面团膨胀至两倍大小。你可以把面团直接放进烤箱烘烤 1 ~ 2 分钟直到膨胀，但千万记得及时取出面团！

STEP 2：使面包成形

取出发好的面团，轻揉几下把面团揉成球状。把揉好的面团放在烘烤托盘上（我用的是重烘焙石盘），用薄刃刀在面团顶部划出一些裂口，以免面包在烘烤过程中裂开。把保鲜膜宽松地覆盖在面团上，然后将面团再静置 2 ~ 3 小时，使面团再次膨胀。

STEP 3：烘焙好了开始享用

时刻留意面包的形状以确保面团不过分膨胀。如果面团变得太松软而且你还有空闲时间，你可以重复第二步。一切就绪后，去掉覆盖的保鲜膜并在面团上洒一点水，这能使面包的外皮变酥脆。你不用预热烤箱，只需直接将烤箱温度设为 218℃即可。烘烤时间约为 35 分钟，直到面包变成棕色并散发出香味为止。当你轻敲面包时，面包应该有种“空空的”感觉。

酵母实验

做面包很好玩，但你也可以利用酵母做许多其他有趣的实验。把酵母放在显微镜下观察——你会发现酵母细胞非常大、非常可爱，如果你很有耐心，你还可以观察到它们生长和繁衍的过程！或者，你可以取一点酵头，在喂养它的同时加入足量的水把它变松滑。然后把酵头倒进一个空汽水瓶里，取一个气球扎在瓶口然后等一等，活酵母释放出的二氧化碳最终会把气球“吹”起来！

项目 10

决战面包棒

孩子们特别喜欢破坏食物。用面包棒打斗不仅能满足他们的破坏欲，同时也能成为一个好玩的聚会游戏。做一个海盗吧！拔出你的激光剑！来一次高手间的决斗！

STEP 1：选择武器，设定场景

面包棒可以在商店里买到，通常一包 12 根。由于面包棒易折断或者粉碎，所以每个孩子都需要至少 4 根，这样每个人都能玩更长时间。

先把决斗者的一只手绑在背后，因为面包棒非常脆弱，而孩子们有时出手非常重，决斗可能会在瞬间结束。戴一个眼罩能限制他们的视力并让他们看上去很酷（看上去应该很酷）。不过，你也可以完全遮住他们的双眼，让他们装扮成绝地武士的风格闭着眼睛对抗。

如果你没有横梁或架子，你也可以用粉笔在人行道或者车库前的空地上画一条界线。重要的是限制孩子的动作同时使平衡成为制胜因素。

STEP 2：开始决斗

让两个决斗者站在横梁上或者界线内，然后开始决斗。你可以通过两种方式判定谁胜。第一种，一直站在横梁上或者最后一个走出粉笔界线的人赢。这样孩子不仅要用“剑”刺对方，同时还要确保自己不掉下横梁或者出界。这避免了孩子们把“面包棒决斗”演化成普通的打闹（这样很好玩，但是游戏时间也会被大大缩短）。第二种，把面包棒保护得最完好的人赢，或者面包棒最后只剩下 5cm 以下的人输。

胜者留下接受下一个人的挑战。每个人都轮流上场，直到面包棒用完为止。

$$$	计时	年龄	难度
120 元	1 ~ 2 小时	9 岁以上	简单

所需材料

- 长条干面包棒，每个孩子至少 4 根
- 两条大手帕或软绳（用以把孩子的手绑到背后）
- 一根宽和高都为 4 英寸的长横梁或者其他孩子可以站立的窄架子
- 海盗眼罩或者绝地武士长袍（可选项）

你也可以发挥想象力增加一些其他花样。比如，在夏天让所有人都穿上泳衣，给观战的孩子们几把水枪，让他们对着决斗者喷水以增加难度。

这是一个非常好玩的生日聚会游戏，但也不局限于生日聚会，因为这个游戏的设定相对简单，各个年龄段的孩子都能玩。最重要的是，你可以利用这个游戏让孩子释放掉多余的能量。

项目 11

制作俄罗斯方块蛋糕

首先，你需要把做蛋糕当成一种创客活动。

由于在 20 世纪 80 年代长大，视频游戏是我童年中极为重要的一部分。从根本上说它也是我成为创客的重要原因。虽然许多游戏都激发过我的想象，也让我痴迷不已地玩到深夜，但也许没有任何游戏能比俄罗斯方块更具有标志性。和许多对形状着迷的孩子一样，当时我深深地被这个俄罗斯游戏迷住了。本文介绍的蛋糕就是对我常常哼唱俄罗斯方块主题曲以及用任天堂游戏机玩这个游戏到深夜的纪念。

随着《蛋糕大师》[1]和《蛋糕店老板》[2]等节目的成功播出，如今智慧妈妈们也在尝试制作蛋糕版的“死亡恒星”、机器人、外星人或者各种神话动物。不过，不管我们多么希望用翻糖制造一个完美的“千年隼”飞船取悦家人，得到好结果可能会耗费很长时间，并且需要大量我们并不具备的技巧和精力。

所以这个配方减少了一些步骤（意思双关哦）。在制作过程你要参照夹心米酥和单块蛋糕的标准食谱，然后把这些制成品用作基础。利用夹心米酥制作俄罗斯方块（游戏中的方块）特别合适，因为你只需要一把利刃就可以切出理想的边缘。

STEP 1：制作操作板

用 20.5cm 的方形烤盘做一个较厚的夹心米酥块，然后把米酥块放在砧板上，用刀对边缘进行修切以确保四边平齐。由于大多数烤盘的边缘都微微弯曲，所以你需要修正米酥块才能突出 4 个角。

1　节目原名为 *Like Ace of Cakes*。
2　原名为 *Cake Boss*。

120 ~ 300 元

2 ~ 3 小时

5 岁以上，需要妈妈照看

中等

所需材料

基础用料：

- 1 或 2 个 23cm×33cm 的大块蛋糕（我选择的是香草口味的）
- 数块夹心米酥，利用涂抹黄油的 20.5cm 方形烤盘制作
- 数块夹心米酥，利用高度大约为 2.5cm 的长方形烤盘制作（这样你可以制作出一薄一厚两块米酥，最后会剩下许多米酥以自由食用）

设计用料：

- 足量的黑色翻糖，能够覆盖一个 23cm×33cm 的蛋糕（最好多准备一点）
- 少量红色、绿色、橘色、蓝色和紫色翻糖

将米酥块的一边切掉 5cm，仅留下一个 15cm×20.5cm 的长方形。从边缘起大约 13mm 处量出一个小长方形。你可以用可食用墨水笔做标记，一般情况下手工商店有售。沿小长方形的四边往下切约 2cm 厚，然后把小长方形内部的米酥块拿出，操作板上留出四边的“边框”。

用长方形烤盘制作一个薄夹心米酥块，在米酥块上量出一个 13.5cm×8.5cm 的长方形，使其能够与主操控板长方形合为一体。如果米酥块有点紧凑也不要紧，这样随后反而能起到帮助作用。

为制作俄罗斯方块，我将薄长方形切成 4 半，然后根据目测切出所需形状（俄罗斯方块的形状都由 4 个小方块组成，这个游戏也因此得名；如果你的几何感特别强，你完全可以在精准测量后再切形状）。以下形状的方块各准备两个。

- L 形状
- 正方形形状
- 长方形形状
- T 字形状
- Z 字形状（或闪电形，我儿子就是这么叫它的）

警告：不要把所有的米酥块都用完，不然你会以失败的俄罗斯方块告终（如果你是在完游戏，那么你会输，因为你把所有空间都填满了）！要留出一点空间作对比。

食谱笔记

如今在网络上很容易找到各种食谱，对搜查适合你家厨房功能以及个人厨艺的食谱可以起到很大帮助。信不信由你，我书中大多数使用细面粉的食谱以及艾娜・加藤和艾尔顿・布朗的食谱都在实验中都达到了最佳效果。从我个人的经验看，配方中使用了胶质状翻糖会更平滑（商店购买的翻糖也可以用来制作俄罗斯方块，但大家在食用时可能会流露出厌恶的表情）。奶油乳酪配方中应不含食用油，制作夹心米酥时，你至多可以使用米粉。记得要轻拍烘焙盘中的米酥块以确保米酥块表面光滑平整。

STEP 2: 使用翻糖

现在你需要为所有的材料覆盖翻糖。在俄罗斯方块上涂下列颜色（增强真实感）：L 形状，红色；正方形形状，蓝色；长方形形状，橘色；T 字形状，紫色；Z 字形状，绿色（注：烘焙纸可以起到很大的帮助作用。它不仅能保持工作台洁净，同时也可以使一切都一目了然。把涂好的形状放在烘焙纸上，或者按需把翻糖夹在两张烘焙纸中间擀制）。

你需要把翻糖的厚度控制在 3mm 左右。先在方块上涂上薄薄的一层奶油乳酪（涂糖霜），然后再盖上翻糖。不必担心方块的底部，因为它们会被操作台掩盖住。

把黑色翻糖擀制成均匀的薄层，然后覆盖到大块蛋糕和操作板上。蛋糕自身含有的奶油乳酪可能会很厚。把翻糖下压，以显出四边的边框。

STEP 3: 增加细节，开始拼装

用刀背在方块的顶部压出方块状。我还为操作板制造出一种块状感，然后用糕点夹在蛋糕顶部增加纹理。做你自己的俄罗斯方块吧！把方块放进操作板里，用牙签固定好。你也可以把多余的方块放在蛋糕顶部做装饰。

为了固定操作板，我用两层米酥块做了一个长方形，盖上翻糖后，用牙签作支撑把长方形和操作板对靠着放好——整个操作板看上去就像是直立的相框。你也可以直接把操作板放在一层蛋糕上，或者使用两个木销钉（拧入蛋糕下面的平板里）支起操作板使其完全垂直。

在蛋糕上均匀地撒一层食用亮粉，在体现精致感的同时使蛋糕在视觉上具有塑料质感。噢，真是闪亮！

坐下来赞美这个杰作，然后开吃！

STEP 4: 一些应题的妙装饰

- 让更进一阶的孩子在蛋糕上撒益寿糖醇粉或者砂糖以增加闪亮度和糖果质感。
- 在蛋糕上装饰以可食用的金属珠子。
- 用俄罗斯方块字体写出食用人的名字。

奶油乳酪糖霜

翻糖需要借助一层黏性物才能粘在蛋糕上，而奶油乳酪糖霜就是一个好的选择。通常你只需在蛋糕上涂上薄薄的一层奶油乳酪，然后再盖上翻糖即可。这个方法在蛋糕和米酥块上都管用。这对参与制作的小孩尤其方便，因为他们可以拿糖霜乱涂，但最终仍可得到理想的效果。

项目 12

制作花样纸杯蛋糕

尽管盖以翻糖的大蛋糕仍然非常流行，但另一种不太引人注意的蛋糕品种——杯形蛋糕也在迅速占领蛋糕市场。作为一个母亲，我逐渐喜欢上了杯形蛋糕，因为它们的用途广泛，而且孩子们对它爱不释手。杯型蛋糕的分量已经确定，烘焙简易而且装饰简便，移动也更方便。由于不必担心蛋糕的结构，增加花样装饰也更容易，所以如果你非常喜欢盒装蛋糕，这都不是问题。

本文介绍的两种杯形蛋糕都使用了同种简单的基底，但外表却极为不同。

1. 棋子蛋糕

STEP 1: 制作杯形蛋糕

如果是从生面团做起，我建议你把烤炉时间设定为 20 分钟，然后在 15 分钟时查看蛋糕。把蛋糕烤过头可是烘焙中最大的错误。

你总共需要 32 个杯形蛋糕。如果你想增加花样，可以把一半做成巧克力口味，另一半做成香草口味，这点可以根据个人喜好选择。

在巧克力蛋糕上涂上香草味糖霜，在香草味蛋糕上涂上巧克力味糖霜。然后用裱花袋和大口的裱花嘴（如惠尔顿 M1 号裱花嘴）在蛋糕上涂上奶油乳酪，涂层无需太厚，因为奶油乳酪非常甜而且口感强烈。从最外层边缘开始涂，然后旋转到中心。

STEP 2: 剪棋子模板

利用模板和锋利的剪刀在硬纸板上剪出各个棋子的形状。

然后用锋利的刀或者刀片（不要让孩子用）在包糖纸上割出各个棋子的形状，每个棋子做两份，把纸背后的塑膜揭掉。切割黑白包糖纸，最后得到 64 个棋子模板。

把包糖纸晾至少 1 个小时，否则纸质会因过于软而达不到理想效果。

STEP 3: 组合棋子

取一个割好的棋子纸片，在上面放一根雪糕棍，最后纸片看上去像一个棋子棒棒糖（不要让雪糕棍超出纸片）。轻轻拿水刷在纸片的边缘上，把另一个相同的棋子贴上去，紧压两个纸片的边缘使其密合。

将制作完成的棋子静置至少半小时。

$$$

120 ~ 180 元

2 ~ 3 小时

5 岁以上

简单

所需材料

- 32 个杯形蛋糕（一半是香草口味的，一半是巧克力口味的）
- 足够多的涂蛋糕的糖霜（一半是香草口味的，一半是巧克力口味的）
- 裱花袋和大号裱花嘴
- 烘焙杯子（黑色的、银色的和白色的，代表棋子的颜色）
- 搅拌器
- 锋利的好刀
- 剪刀
- 砧板
- 黄油
- 标签笔（墨水可食用）
- 32 个雪糕棍
- 巧克力屑（视个人要求而定）
- 黑色和白色包糖纸各两张（网站 Wilton.com 或你本地的手工商店都有售）

STEP 4：把棋子插进蛋糕

把黑色的棋子纸片插进涂巧克力糖霜的蛋糕里，把白色棋子纸片插进涂香草糖霜的蛋糕里。

把蛋糕对立放好！

STEP 5：拿蛋糕玩游戏

如果你想来点冒险，那就再找一个可以放下杯形蛋糕的大棋盘或者自制一个棋盘（你可以用翻糖或者黑白瓷砖制作）。我建议用这些杯形蛋糕玩真正的游戏，但经验告诉我这些蛋糕都会在中途被吃掉！不然你可以一直玩下去。

$$$

180 元

2 ~ 3 小时

5 岁以上

简单

所需材料

- 24 个杯形蛋糕
- 足够涂蛋糕的糖霜（颜色为阴森的绿色）
- 裱花袋和大号裱花嘴
- 银色烘焙杯
- 搅拌器
- 锋利的好刀
- 剪刀
- 砧板
- 24 根雪糕棍
- 巧克力屑（按需准备）
- 标签笔（墨水可食用）
- 马司板（两种口味，可去商店购买）
- 银色、翠绿色和暗绿色食用亮粉
- 画刷

II. 头足动物杯形蛋糕

STEP 1：准备杯形蛋糕

和棋子杯形蛋糕一样，如果你从生面团开始制作，把烘焙时间设为 20 分钟，在 15 分钟时检查蛋糕一次以免烤过头。然后在蛋糕上涂绿色糖霜。使用上述的裱花袋（和裱花嘴，和惠尔顿 M1 号一般大小）轻轻在蛋糕表面涂上奶油乳酪，从边缘开始涂，然后旋转到中心。

注：我们这里制作的是头足动物的胳臂，而不是触须。现在普遍存在一种误解，以为带吸盘的头足动物的长附肢（比如章鱼的触手）叫作触须，但这些附肢是胳臂，而不是触须。胳膊上带有吸盘，而触须通常只在触尖上有吸盘。你可以做出触须来，但它非常精细，所以不适合在这个食谱里做。

STEP 2：制作胳臂

马司板（杏仁膏）主要由糖和杏仁酥构成，欧洲国家通常利用它做形状复杂的水果和蔬菜，把它们当作糖果或装饰。虽然你可以在家自制马司板，但这份食谱需要的量很少，所以你也可以到商店购买。我个人非常喜欢奥登赛（Odense）这个品牌，因为它只含有 3 种成分，而这 3

种成分我都耳熟能详。

从雪糕棍的中间开始裹马司板（不同的高度可以让你的胳臂具有不同程度的垂坠感）。把马司板揉压约 30 秒直到使它变得柔韧，然后用擀面杖将其擀制成约 7.5cm 长、2cm 厚的层状物。把它裹在雪糕棍上，使之从根部到尖部逐渐变细。

这看上去也有点像棒棒糖，但它的顶部应该垂向你。

STEP 3：给胳臂上色

利用食用亮粉把胳臂朝外的一面涂成暗绿色，另一面涂成翠绿色。用标签笔（绿色或黑色）在浅绿色的一面画一些小圆圈当吸盘。这非常适合年幼的孩子做，因为涂亮粉不需要高精确度。毕竟，鱿鱼和鱿鱼之间也会有微小的差异。

为每个杯形蛋糕制作出足量的胳臂，并把所有胳臂都放在烘焙纸上使其晾干以定形。

STEP 4：插胳臂

把制好的胳臂插到蛋糕顶部。如果你希望每个蛋糕上都有多个胳臂，你可以利用牙签做些小型的胳臂。如果你没有马司板，用翻糖也可以。

STEP 5：想吃就吃

以前我在巧克力软糖上涂的蓝色糖霜里放了星星，把它当作“远古封印”，这使蛋糕散发出一种恐怖气息。如果你喜欢糖，你也可以添一些糖丝。我还发现在蛋糕表面撒一些巧克力屑会让蛋糕看上去像天外来物！

项目 13

来自奥林匹斯山顶的奶油巧克力软糖

奥林匹斯山是神话中希腊诸神的居住地，其中宙斯为众神之王。诸神会在奥林匹斯山上聚会商讨要事，同时享用花蜜、美食以及（在我的想象里）巧克力软糖。有人认为奥林匹斯山是世界最高峰，有些人甚至称这座山飘浮在天堂里。无论奥林匹斯山位于何地，它的海拔都会比我们凡人的土地高出许多。如果诸神曾经制作过软糖，因气压随着海拔高度而变化，他们很可能也要修改食谱。

我们居住的地方海拔较高，第一次制作软糖时我并没有在食谱上做任何调整。最后我做出了一团极为坚硬、无法搅动但却非常好吃的干巧克力泥。食谱上并未提及需要根据海拔调整烹饪温度，而我当时也没有考虑到这个因素。但是，不同气压下水的沸点也不同，所以这份和温度密切相关的食谱也会受到同样的影响。

所以，在第二次制作软糖之前，我利用科学知识把一份无用的食谱变成了有用的食谱，并且最终做出松软度刚好的美味软糖。无论你居住地的海拔是多少，下面的步骤都可以帮助你确定你自己的配方。

尽管许多人认为是海拔高度影响了水的沸点，但实际上只有气压才是真正的影响因素。不过，由于气压通常随着海拔的增高而降低，所以两者有一定的关联性。由于不同地区的气压会随着天气而变化，所以不同时间的沸点也不尽相同，但通常而言这个因素不足以影响食谱。在当地天气正常的情况下测量水的沸点，只需测一次就可以满足之后所有制作糖果的参考需求。

标准大气条件下海平面的气压值为 1013 毫巴，此时水的沸点温度为 100℃。我们居住的地方海拔较高，因此水的沸点温度约为 93.9℃。

STEP 1：煮开水

把水倒入锅中煮沸。然后将糖果温度计插进水里读出最终温度，这就是当天气压下水在你的居住地的沸点温度。

STEP 2：修改食谱

你选择的软糖食谱上会给出停止烹饪混合糖水的温度。用 100℃减去你所在地水的沸点温度，得到一个差，

30 ~ 90 元

15 ~ 45 分钟

12 岁以上

中等

所需材料

- 糖果温度计
- 容量至少为 2.27L 的锅
- 水

再用食谱上的温度减去这个差，所得数值就是你需要的最终温度。

STEP 3：制作软糖

利用你喜欢的软糖食谱和计算结果制作软糖。如果有人对你能在高海拔的情况下还能做出如此标准的软糖感到惊讶，记得一定要和他们分享其中的科学知识！

秘籍 8

我们的英雄：茱莉亚·切尔德

她从未想过要成为明星，她也丝毫不符合电视节目主持人的形象，但看她所有的老节目她都气场很足。茱莉亚·切尔德（Julia Child），这个身形笨拙、嗓音独特的中年妇女主导了当时的电视荧屏，她在荧屏里兴奋地和电视机前的观众说话，而我们也喜欢做她的观众。

为什么我把她归类为创客？因为她坚持追随内心的热情并且带动了我们和其他人。

茱莉亚·切尔德的人生经历充分说明她从不把自己限制在任何特定模型中。在一个许多女性都不接受教育的时代，她读了大学；在一个许多女性都不走出家门求职的时代，她在情报局得到一份工作；在一个大多数女性都愿为丈夫做家庭主妇的时代，她去追寻更有意义的事。

然后她找到了烹饪，尤其是法式烹饪。她对法式烹饪的热情和痴迷使她改变了美国人的饮食观念。她和另外两位作者花费数年合著了后来风靡美国的《掌握法式烹饪的艺术》[1]，但不仅仅是因为这本书。

她在电视里的教师形象赢得了无数美国人的心。人们在看她的烹饪节目时总是忍不住发笑。她热爱她的事业，同时也热爱与他人分享她的热情。

1　原名为 *Mastering the Art of French Cooking*。

1963年，她的节目《法国厨师》[1]在美国公共电视网开播并获得一项艾美奖，这也是教育类节目首次斩获该奖项，之后她又持续以各种方式在荧屏里活跃了30年。当时茱莉亚的形象太深入人心，甚至于丹·艾克罗伊德（Dan Aykroyd）在《周六夜现场》[2]模仿她的短剧也大获成功。

所有这些名望都来自于她对热情的不懈追求，即使在她的书可能不会被出版的时候，她也没有放弃过。她永远都在鼓舞着我们，因为她从来不让失败压倒热情。这正是我们所有创客都需要学习的一课。

1 原名为 *The French Chef*。
2 原名为 *Saturday Night Live*。

秘籍 9

致艾尔顿·布朗的情书

第一次看到你的时候，满脸雀斑的你穿着一件花衬衫，当时你在讲述蘑菇——不仅是讲述它们的口感，而且还讲述它们的烹饪方式。由于曾在一家纽约式的熟食店里做过一个夏季的助理厨师，我非常熟悉那令人备受折磨的蘑菇刷，于是我继续看了下去。随着你灵活地利用科学知识讨论并消除人们长久以来认为水和蘑菇不能混搭的错误看法，我渐渐地入了迷。

我是个创客，很久以前我就明白美味食物的秘诀在于利用科学。毕竟时间、温度和化学反应都是伟大厨艺（以及美食）的基石。你不只是随便提及而已。不，你在每期节目中都坚守自己的风格，坚持用最科学的方式讲述大众烹饪，就像在维护一种斯巴达式的秩序一样。你反对功能单一的厨具，你一直使用温度计，你经常说“只管走开”。从袜子木偶酵母到弹力泡沫淀粉，再到橡胶蛋白模型，你在讲述中使用的直观教具和（一直都是）极为古怪的幽默感一直吸引着我的童心。

我从你那里学会了许多烹饪技巧，但这么说还远远不够。在你之前我的圣经书籍是《烹饪的乐趣》[1]，每当需要灵感时我就会翻阅这本书，尽管有时（因为我的书是第一版）书中有些说明需要我苦思冥想一番。但你用简明精练的语言以及生动的实验清晰地表达出了这些原则，为此我终身都对你感激不尽。我姐姐最爱的烧鸡？她说那是我的食谱，但其中的技巧都来源于你；没有用我祖母的食谱就制作出来的瑞典肉丸？是的，也来源于你；我儿子极为痴迷的司康饼？还是来源于你。

如今我的儿子已经长大，而且开始在厨房里施展拳脚，因为我的影响，他也爱上了《天下美食》。四岁的时候，他在餐厅里点了法式鱼肉浓汤这道菜，为此我也要谢谢你。当时拿菜单的女招待员目瞪口呆，我猜现在她仍然逢人就讲我儿子的故事。作为一个从北方移居到南方的人，你也让我了解到梅森—迪克森线南部烹饪背后的历史和故事，这让我在和南部的亲戚们相处时总有话题可说。

更不用说你的巧克力曲奇饼食谱了。我知道食谱没什么神奇魔力，但我觉得这些曲奇饼是这世界上最接近魔力

1　原名为 *Joy of Cooking*。

的东西。

所以谢谢你。《天下美食》之后你又开始制作新节目，祝你一切顺利。希望你知道有个粉丝因为你而改变并且一直对你满怀谢意，她经常在餐桌前为你举杯，而且急不可耐地想看到你的新作品。

带着爱意和科学的
纳塔妮娅

秘籍 10

让食物更美味的 10 种必备调味品

你可以完美地制作出烤肉或者精致的蛋糕，但如果你用错或者少用了调味品，那么你的食物最后可能平淡无奇。无论是烹饪食物还是制作甜品，只要用好合适的调味品和少量“主干”原料，最后一定会异常美味。以下列表虽然并不全面（比如我没有列入墨西哥调味料，但你可以在其他食谱中找到孜然芹、姜黄、红尖椒和牛至等调味品），它是个绝佳的开始。

1. 粗粒盐　粗粒盐的咸度比加碘盐低很多，它会增强而不是用咸味遮盖食物的味道。在烘焙食物时使用粗粒盐也能达到理想效果，它甚至可以用作烹饪器皿：你可以在厚厚的粗粒盐层上制作烤肉，在每个步骤中都用它调味。粗粒盐是我的万能盐。

2. 干胡椒　不要用事先磨好的胡椒和罐装胡椒粉。真正的干胡椒具有各种各样的味道，它可以给食物增加甜味、辛辣或者复杂的口感，相比之下商品胡椒粉尝起来味同嚼蜡。干胡椒的品种非常多，干胡椒的颜色也多种多样，从粉色到白色再到黑色（这取决于品种和加工方式）。胡椒是制作烤肉和腌肉的必用调味品，它还可为蔬菜和沙拉增味。

3. 特制盐　如果你想制作烤肉或者增强食物的味道，我推荐你多撒一些特制盐。我喜欢的一些特制盐包括：著名的法国盐花（产自布列塔尼、手工收获的海盐）——在烹饪结束时使用；制作烤肉和腌肉时使用的萨利希海盐（产自太平洋西北部的赤杨木烟熏盐）；喜玛拉雅岩盐（这种盐呈粉色，外形美观，是开采出来的矿物盐，可用来制作碗或灯）——它在任何烹饪中都可使用，在制作蛋类时使用口味最鲜美。你可以在本地的专业食品店或者网络上购买到这些盐。

4. 意大利草本调味品包（干制品）　不要买混制好的，否则你不能改变各种调味料的用量，也不能做实验。大多数人都认为罗勒和牛至是意式烹饪的主要调味品，但我认为红辣椒片、马郁兰和百里香也应包含在内。当然还包括欧芹，不过我只推荐新鲜的种类。

5. 普罗旺斯香草包　普罗旺斯香草是法国干香草中的一个经典混合品种，但它目前还没有真实可靠的配方，因此你最好买混合好的成品。一般情况下它包括龙蒿叶、百里香、迷迭香、薄荷、山萝卜、牛至和月桂叶，有时也会加入薰衣草。在烹饪蔬菜、浅色肉类、鱼肉和鸡鸭时使用它效果最佳。

6. 东方香料包 我们全家都喜欢许多亚洲国家流行的菜肴（尤其是泰国菜和印度菜）或清淡或浓郁的独特风味。制作泰国菜时我一定会使用鱼酱油、新鲜罗勒和香菜、生姜、酱油以及辣椒酱。制作印度菜时我一定会使用小豆蔻、姜黄、孜然芹、辣椒粉、红辣椒以及辛辣混合香料（火辣咖喱）和其他咖喱。

7. 舒合香料包 舒合香料是我最珍爱的品种之一，所以我几乎总会单独制作一个香料齐全的舒合香料包。这些传统上的“假日”香料有许多都含有大量油分，而且磨好的制成品保质期不长。唯一的例外是肉桂，但通常我很快就能把它用光。香料齐全的舒合香料包包括肉豆蔻、甜胡椒、丁香和生姜。

8. 柑橘包 总是很新鲜。柠檬皮和橘子皮能给食物的味道带来全新的深度和维度。虽然一直没被人大量应用，但它们能大大提升食物的口味和新鲜度。当我开始在红莓蛋糕里加入柠檬皮的时候，我感觉就像开启了一个全新的世界。在制作菜肴时加入一小勺涂抹精油的橘皮，它可以创造奇迹，你只需要准备一个锋利的刨丝器（剥肉豆蔻时也能派上用场）即可。

9. 可可 我建议你同时购买天然可可和加工过的成品可可粉（减少了酸性），根据食谱你也可以两者都用。一般情况下（尤其是制作热巧克力的时候）我会使用天然可可，但在不确定的情况下我会根据食谱进行选择。我发现避开“大巧克力”品牌（兼制作巧克力棒的品牌）可以得到更好的结果。由于脂肪含量较高，可可的保质期很短，所以不要一次购买太多。

10. 香草 香草也是主干原料之一，好香草可以决定一道菜的成败。虽然不是每个人都有财力购买顶级的香草豆荚，但我强烈建议你在条件允许的情况下买好香草，或者至少在特别餐点（如焦糖布丁）里使用好香草。不要购买人工制造的香草调味品，如果你和我一样热爱烘焙食物，那么我建议你囤积一些纯正的香草精。把香草精密封好，储存在凉爽、干燥的地方，这可以使它保质期很长。

秘籍 11

品赏散茶的香气和味道

在我迷恋上散茶之后，我把我儿子也带进这种迷恋之中。

自从我减去在早餐牛奶里加入的两满勺糖后，为了得到更多味道，我开始从袋装茶转向散茶。散茶比袋装茶拥有更多口味是因为茶叶可以在过滤网中伸展，所以能使茶的味道更浓。

虽然我早就知道散茶具有大量不同的品种，但在知道散茶实际可选择的品种数量时我还是吃了一惊。从青柠檬到蜂蜜茶，从巧克力混合茶到爱尔兰早餐茶，我和我儿子都一一尝试过。

散茶看上去很复杂，但其实不然。你只需准备一个杯子、一个茶过滤网和至少一盎司的散茶叶即可。不过，在理想情况下，你最好准备各种不同口味的茶叶以作对比。根据茶叶的价格和购买数量，有时喝茶的代价很高。正常情况下，我一个月的茶叶要耗费约 150 元，但昂贵的混合性茶叶可能一盎司就要 60 元。

教育在大多数情况下都依靠视觉和听觉，而喝茶需要的是嗅觉和味觉，所以对孩子而言，喝茶是一项非常独特的活动。

茶有 3 种基本类型：红茶、绿茶 / 花草茶和白茶。红茶的味道最浓，而且经常含有大量咖啡因。绿茶或草本茶的咖啡因含量通常较低而且味道大多为果味、花草味和香料味。白茶的味道和香气最微妙。混合茶也经常被认为是茶的一种类型，从本质上说，混合茶就是加了香料的红茶。混合茶在许多国家都是茶的基本名称，有时也指一种混合了牛奶的调和茶。

我儿子第一次品尝散茶是在我们逛商场的时候，我们走进了一家“茶瓦纳”（Teavana）店。“茶瓦纳”是一个连锁品牌店，店里有许多样品可供品尝，但他们通常都没有供观察和闻味道的样品茶。所有茶叶都放在柜台后面，顾客只能看到各种各样的绿茶、红茶、白茶和混合茶摆放在那里。售货员会把茶罐拿过来让顾客闻味道，但这对孩子来说并不理想。

我建议你到本地的茶叶店走走（我们就比较幸运，因为家附近刚好有一个）或者逛类似 The Tea Table（theteatable. com）的网上茶叶店铺。我们本地的茶叶店可以把所有的茶叶罐都拿给顾客看，所以我们可以闻到所有的味道。由于这个原因，我儿子特别喜欢去茶叶店。

无论订单价格是多少，The Tea Table 可以为每单提供至多 3 种茶叶样品。只需 60 元加运费你就可以得到 4 种不同味道的茶叶，这个交易真的很划算。“茶瓦纳”的茶叶价格更昂贵，而且通常不赠送茶叶样品。不过这两个公司都提供各式各样的过滤网。

拿到茶叶后把所有茶叶都放在桌子上并开始闻气味，

然后选择你最喜欢或者最吸引你的茶叶。不必局限于单种茶叶的冲泡，你可以按照个人喜好把茶叶混合起来。想让英式早餐茶带有一点蓝莓味？把两种茶叶混合起来即可。想让混合调味茶里出现蜂蜜的味道？把两种类型混合起来即可。

你可以尝试购买味道奇特的茶叶，我们就在本地的商店里买到过爆米花味的茶叶。虽然这种茶并不好喝，但我们乐于尝试。我们喜欢青柠檬茶和蜂糖茶，前者含有小块水果，而后者只需取蜂糖块在热水里融化即可。

选择好冲泡的茶叶类型后，煮一些开水，在过滤网里放一小勺茶叶，然后用开水冲茶叶。将热茶静置3～5分钟，但不要超过这个时间。我喜欢味道浓郁的红茶，如果你希望茶的味道淡一些，缩短冲泡时间即可。

然后开始慢慢品茶。除花草茶之外，我会在大多数茶（尤其是水果味或者不需添加物的茶）里添加牛奶。你也可以添加蜂蜜、奶油或者糖。

茶的妙处在于它拥有许多不可思议的味道，但卡路里含量却非常低，这使它成为孩子们的绝佳饮品。唯一的注意事项是茶非常利尿，所以喝茶的人可能需要多次进出洗手间。刚开始你可以让孩子先喝少量的茶以观察反应。

如今经常有人称某些品种的茶（通常指花草混合茶）有药用功效。我对这些说法持怀疑态度并且按照自己的知觉行事。如果茶的气味和口感都很好，那么它在本质上就具备了舒缓压力的功效。

第 3 章
CHAPTER 3

手工制作培养创新能力

女性一直都是手工艺品的中心，但在过去的 10 年里，全世界的创客正在以史无前例的规模进行编织、缝纫和珠宝制作等手工活动。不仅如此，他们还转变了这场手工运动，为手工艺制品开拓了全新的领域。他们不仅用手工艺品传达自己对历史的兴趣以及内心的乐趣，还把手工艺品用作教育孩子的工具。

例如编织网站 Ravelry.com，这个巨大的纤维艺术家网络社区拥有 200 多万名注册用户。自 2007 年网站发布以来，Ravelry.com 一直都在汇集各种不同寻常的手工艺品。当然，你也可以在上面找到普通的针织钩编项目，这些项目都非常适合初学者学习。Ravelry.com 与其他传统社区的不同之处在于用户们经常会分享一些不同寻常或者非常创客的项目。你可以在这里发现有人纯手工编织出的“神秘博士”的每一条围巾，电影《指环王》中所有的针织服装、耳朵帽子、儿童“龙猫”玩具，而且这些作品的主要设计者和制作者都是女性。这些设计风靡了各个社区并且得到大量分享和评论。手工艺品开始变得社会化，人们把它们从传统的火炉边带到了互联网上。

不仅针织钩编走到了手工运动的前沿，各种工艺方法也开始大放异彩。充满天赋的艺术家们经常会探索和利用传统工艺，比如自己动手鞣制皮革，利用植物提取的染料染色，或者为达到理想效果而利用手工在紧身衣上钉珠。制作手工艺品需要极为惊人的技巧，这些都来自我们前人的累积。与此同时，手工艺品也在向未来前进。创客们利用导电线和导电涂料制作出随着身体动作闪烁的灯光衬衫，或者“画”出可以弹奏的纸钢琴。在被用作教育工具的同时，这些手工艺品也让科技新人们充分发挥了创造力。

当前手工艺制作环境中最令人兴奋的方面之一就是各种社区的强烈热情。Ravelry 只是众多例子中的一个：还有汇集了无数儿童科学和手工艺品项目的网站 Instructables.com，《爱上手工》（*Craft*）和《半身像》（*Bust*）等杂志，以及展示创客手工艺品的 Etsy 店铺等。总体而言，网络和线下（这借助了 Meetup.com 等网站的帮助，兴趣爱好相似的人们在这些网站里相互联结，然后在现实世界里相遇）手工艺社区的氛围都非常友好，而且不设准入门槛。部分原因可能是我们大多数人都是刚入门

的创客，我们都知道被孤立是什么感觉，也知道最终找到趣味相同的群体是多么愉悦的体验。

更不用说我们还把这些技巧分享给孩子了。我们中有许多智慧妈妈教孩子缝纫、自制布料和玻璃珠，或者向孩子展示如何把看似无用的零碎物品改造成家庭装饰品。我们中有许多人的母亲错过了制作手工艺品的潮流，她们选择去商店购买大批量生产的物件。尽管可能有一两代的母亲被耽误，但通过观察我们孩子的所作所为，我想说我们这一代智慧妈妈早已弥补了这个错误。

秘籍 12

手工艺品的历史

如今，工匠们正在重新发现失落的艺术，学习绣花、刺绣、针织和钩织等工艺。这些手工艺在历史上曾属于女性的领地，但如今这种情况正在改变。现在许多男性也满腔热情地拿起钩针和织针并制作出各种有用又有趣的物件。

和大多数发明一样，手工艺品源于人们生产实用物品的需要。制造者会创作某些物品以应对某种需求，但很快人们就开始利用这些技巧创作装饰品或者美化普通的物件。

不同的手工艺品起源于不同的历史时期。刺绣产生于远古时代甚至史前时代，在中世纪开始频繁地使用刺绣艺术。刺绣物品代表着崇高的社会地位，而且刺绣也被用在手帕、鞋子、外衣、拖鞋和其他物品上。城市里出现家庭刺绣作坊，雇用了很大一部分人。

印度、中国、日本和欧洲各国也开始利用刺绣作装饰。中世纪的英格兰开始组建刺绣公会，描绘黑斯廷斯战役的贝叶挂毯是这一时期的杰出代表，整幅挂毯约长 70 米、宽 0.5 米。

但随着工业革命的开始，越来越多的刺绣开始由机器生产。手工刺绣不再是一种必要，而且最终演变成人们的业余爱好。

针织很可能起源于中东地区，后来传播到欧洲，进而传播到美国。人类最早发现的针织样品是约在 1000 前年的埃及制造的棉袜。不过这双袜子的花型非常精美，说明针织的发明时间很可能要更早。早期的针织衣服只使用了基本的下针，直到 16 世纪才出现反针技法。

后来英格兰建立了帮助穷人学手艺的针织学校。也许你会感到惊讶，但最初以针织为职业的人都是男性。针织长袜在伊丽莎白一世时代非常流行，再加上英国经常出现阴冷天气，所以男性和女性对长筒袜都有大量需求。

在 17 世纪和 18 世纪，苏格兰的针织业也蓬勃发展，

有时整个家庭的成员都以针织为职业。爱尔兰也开始发展针织业，独特的色彩和针法使爱尔兰针织独树一帜。当时的渔民经常穿羊毛针织衫出海，因为羊毛里的天然油脂可以保暖防湿。

和刺绣一样，工业革命开始后大部分针织品都转由工厂生产，手工针织成了人们的业余爱好或者制作特殊产品的家庭作坊的活动。不过，第二次世界大战期间出现了一个有趣的反例。由于当时羊毛短缺，处在战争大后方的女人们会把不可用的针织物件拆成线，然后再织成衣物送给前线的战士。

20 世纪 50 年代和 60 年代后针织工艺开始没落，直到 21 世纪，针织工艺才在创客大会上重现光彩。除了传统的毛衣和围巾外，针织还有了许多新用途，比如制作玩具和公告牌。男性也开始参与针织活动，向世人证明这项手工不仅仅是女性的专利。

19 世纪时钩织开始在欧洲流行，那时各种花型也相继出现。不过，钩织的发明时间可能会更早，因为人们最初用手指而不是钩针制作钩织物件。钩织最早可能出现在阿拉伯地区、南美国家或中国。一开始钩织通常由富裕家庭制作并用作装饰品。不过，随着时间的流逝，家庭主妇们也开始钩织物件，到 20 世纪 60 年代，钩织成为一种大众爱好。当时拼制毛毯用的小块布料和色彩明亮的小片钩织制品都是流行的钩织对象。后来钩织的流行度大大降低，但和针织一样，如今它也在 21 世纪重获新生。互联网更是让针织者和钩织者们更便利地分享花型并建立纤维艺术社区。

随着时间的流逝，许多其他类型的工艺也得到人们的应用。先前的编织和钩织法如棒针钩织法（或棒针织法）在某种程度上和编织相似，都需要让针穿过线圈。如今秘鲁和斯堪的纳维亚半岛仍在使用这种方式。

通过打结，流苏线可用来织网、制作布料或者其他物件。以前流苏编织在水手间很流行，他们的编织手法都非常熟练。水手们会在出海时制作各种物件，然后在上岸后将物件出售。流苏编织在维多利亚时代风头最盛，及至 20 世纪 70 年代，它已经普及到各地，而此后一直都广受欢迎。

如今对手工运动感兴趣的人们正在通过互联网找到对方，在创客大会上相互交流，或者在 Ravelry 等网站上联结起来。记录片和书籍《手工国家》[1] 突出了手工活动最近的崛起。再加上 Etsy 等网站，越来越多的人们开始购买手工艺品自用或者当作礼物送人。

1 原名为 *Handmade Nation*。

项目 14

自制一个布偶

定制的创客玩偶可以成为独一无二的玩具或者礼物。你可以和你的孩子甚至成年朋友在聚会上一起动手制作玩偶。做你最喜欢的怪兽或者外星人，或者利用几何形状，制作任何人都看不懂的怪异团状物。只要发挥你的想象力，就会玩得开心！

STEP 1: 选择目标

首先确定你想制作的动物或者不同形状的物品。除了怪兽、外形人、常见动物和机器人之外，几何图形如三角形、圆形、长方形和各种四边形都是不错的选择。我还见过有人制作统计图表状的玩偶。发挥你的创造力，选择一个吸引你的设计方案。

STEP 2: 制作模型

在薄纸板或者白纸上画出目标物体的形状。缝合填充之后，完工的玩偶会比你画出的模型稍小一点，所以你需要相应地计划好，然后。剪出模型。

STEP 3: 标出设计

在选好的毛毡上勾勒出模型外形，记得要画两次。如果你使用的是带纹理的布料而不是毛毡，那么在勾勒轮廓时要记得把这个因素考虑在内。

STEP 4: 裁剪布料

沿轮廓线裁剪出两片布料。然后把两片布合在一起，剪掉不对称的边沿。

STEP 5: 缝合布料

把两片布叠放好，用针线沿边缘缝合布料，留出一个塞填充物的口。你可以使用任何你喜欢的针法，这能使玩偶的外形更加独特，你也可以使用颜色对比鲜明的线。

STEP 6: 填充缝合

用选好的填充物填充玩偶。如果你的玩偶有尖角，先取少量填充物把角填满，然后再把中部填满。填充完成后把开口缝好。

$$$

30 ~ 60 元

30 分钟

7 岁以上

简单

所需材料

- 薄纸板或白纸
- 铅笔或水笔
- 剪刀
- 各色毛毡布
- 针
- 线
- 聚酯填充物或者干燥的大米和豆子
- 塑料眼睛、纱线或扣子等装饰物
- 胶水（可选项）

STEP 7: 增加装饰物

玩偶已经大致成形，所以现在你可以把扣子缝上去当眼睛，或者粘上塑料眼睛或布块当面部器官。你可以在成形的玩偶上另缝一片布做衣服，也可以在玩偶的头部缝上或者粘上纱线做它的头发。

STEP 8: 可以一试的选择

如果你用织物代替毛毡，那么在第五步中要把布料缝合好后留一个小口，然后把缝好的布料从里到外翻过来，接下来的步骤不变。如果你选择在玩偶里填充大米，那么你也可以增加薰衣草或其他草本植物以增加舒缓的功效。

要为玩偶添上胳膊和腿，可把两条细长布块缝合在一起做胳膊和腿，然后把它们缝到主体的线缝里。

要让玩偶变立体，裁剪 3 片或 4 片布料（而不是两片）然后缝合好，再剪出一片布料缝在底部。这会使项目的难度增大，但你的玩偶也会变得更大、更好玩。

项目 15

自制可爱的钩织玩偶

也许你是个纤维艺术大师，可以迅速钩织出小块作品。或者你比较喜欢钩织样式繁复的儿童帽，或者你还是个只能钩织围巾的新人。不管怎样，只要具备一点基本的钩织技巧和工具，你就可以制作钩织玩偶。这个项目会让你明白如何制作基本的小钩织球，同时还提供了一些装饰和扩展项目的建议。

但怎么开始呢？钩织玩偶不是最基础的钩织项目，但一旦上手，你会发现它做起来并没有看上去那么难。我建议你在开始之前练习一些基本的钩织技巧，不过，由于大多数钩织玩偶只使用最简单的短针钩法，所以这非常易学。如果你想制作一些无需缝制的玩偶或者小玩意儿，钩织玩偶绝对是你创作一个小小兵团或者一群小动物的理想选择。

这个项目不讲解基本的钩织技巧，所以如果你的钩织经验很少，你可以参考网络上的免费教学视频，向你推荐 Lionbrand.com、FreePatterns.com 和“针织女巫”发布的视频短片。看视频是学习钩织技巧的绝佳方式，因为你可以在视频中清晰地观察到每一针的钩法和相应发生的变化。

如果你的首个钩织玩偶不符合你的设想或者制作时间很长，不要灰心，因为钩织玩偶的针脚要比其他钩织类型紧密得多，所以加针时会很费力。每钩完一圈休息一下手会很有帮助。在钩织的过程中你会慢慢上手。如果这种紧密的针法对你来说依然太难，你可以使用稍大一号的钩针。

STEP 1：钩织玩偶

第一圈：在线头打一个活结，留出 20.5cm 的线（玩偶制成后，你可以用这些余线封口）。起 6 锁针，第 6 针滑针钩进第一针，这就是第一圈。把划线轮夹在下一圈的开头处。每钩一圈，挪动划线轮一次。

第二圈：[起 1 短针，2 短针并 1 针] 绕圈（11 针）

第三圈：[起 1 短针，2 短针并 1 针] 绕圈，短针（16 针）

第四圈：[起 3 短针，2 短针并 1 针] 绕圈，短针（21 针）

第五圈：[起 4 短针，2 短针并 1 针] 绕圈，短针（25 针）

第六圈：短针绕圈（25 针）

第七圈：短针绕圈（25 针）

第八圈：短针绕圈（25 针）

第九圈：[起 3 短针，1 短针分 2 针] 绕圈（20 针）

第十圈：[起 3 短针，1 短针分 2 针] 绕圈（16 针）

第十一圈：[起 1 短针，1 短针分 2 针] 绕圈，短针（11 针）

$$$	时间	年龄	难度
30 ~ 60 元	1 ~ 3 小时	12 岁以上	中等

所需材料

- 精纺粗棉线，100 克，201 米
- 3.5 毫米钩针
- 钩织划线轮（可开合的那种）
- 干燥的豆类或聚酯填充物
- 剪刀
- 工艺针
- 小物件（可用来做眼睛的扣子、增添细节的绣花线、制作装饰物的毛毡等，按需准备）

需要的特殊技巧：了解基础的钩织针法和术语

注：你可以根据毛线的粗细自主选择针号，但你的制成品也会相应变大或变小。

第十二圈：[起 1 短针，1 短针分 2 针] 绕圈，2 短针并 1 针（7 针）

STEP 2：放入填充物

在玩偶里放入豆子或者聚酯填充物，将开口缝紧。把线头编进棉线里。如果你使用的是黑色线，那么现在你已经有了一个黑色球状物（如果你填充的是豆子，那么你现在已经拥有了一个精致的沙包）。你可以让作品保持这种形状，或者你也可以增加装饰或把它改造成其他物品。

STEP 3：装饰或改造

下列建议可以帮助你装饰玩偶或者把它改造成更复杂的设计。

- 装饰玩偶表面：用白色或银色绣花线在玩偶表面绣出星星或星号图案。用其他颜色的线绣出红巨星、蓝巨星或者类似太阳的黄色星球。
- 外星人：用触须把玩偶球变成外星人。利用钩织玩偶的线做触须：在钩针上打一个活结，起 4 针锁针，第 2 针锁针用短针，最后 2 针用滑针。然后把触须缝到选定位置。你可以重复这种做法添加其他触须，或者根据个人喜好为外星人添上眼睛。
- 忍者武士：钩织出一大一小两个黑色球，把两个球缝合起来。然后制作一个银镖和毛毡面具装饰上去。
- 你也可以利用许多其他方式制作出充满想象力的作品。比如，用胶水在钩织的球上粘各种毛毡图形，用不同颜色的棉线创作出其他物品的基本形状，用白色棉线制作一个卡尔文与霍布斯[1]式的雪人，用灰色棉线制作岩石，或者用天然色彩的毛绒线制作一个毛绒球组合。可能性是无穷无尽的。
- 掌握这种基本的钩织技巧后，你可以稍作调整制作出更长的形状、更大的球、胳膊、腿和其他器官和形状。一些被钩织成玩偶的创客作品包括尤达大师、莉亚公主和《星球大战》中的其他角色，《流言终结者》的主持人亚当和杰米，神秘博士和时间机器（也是宇宙飞船）、Hello Kitty 以及《指环王》中的角色。

你在制作过程中犯错了吗？外星人的头部是不是有突起？或者你的太阳球是不是不太对称？不要担心，即使有一两针出错，你的作品看上去依然很棒。只管按你原定的模型制作，你犯的任何小错误都只会使你的作品更加独特。

1　源于漫画书 *Calvin and Hobbes*，中文名为《凯文的幻虎世界》。

什么是钩织玩偶

钩织玩偶是指可填充的小玩偶或动物，来自于日本钩织艺术。这个词源自于日语 ami 和 nuigurumi，前者的意思是钩织或编织，后者的意思是可填充的玩偶。这种工艺非常符合日本的卡哇伊文化（也叫可爱文化），并且在各个年龄段的人群中都广受欢迎。

毛线爆炸

如果你以为手工制作只是一种无害的爱好并且只属于安静内敛的人，那你就错了。自古以来丝线里总会包含一些特殊信息，比如《双城记》里的德法奇夫人就利用针织暗中记录敌人的名字。在 19 世纪 80 年代，由于惧怕部族斗争，英国殖民者禁止特立尼达岛的岛民敲打传统非洲鼓，随后岛民们发明了钢鼓。20 世纪 70 年代和 80 年代的智利处于皮诺切特独裁时期，女人们创造出名为 *arpilleras* 的三维织锦以表达抗议。这种织锦色彩鲜明，图案讲述了人们在被压迫下的日常生活。据报道，有人甚至利用这种织锦同政治犯传递信息。

如今“毛线爆炸”成为人们利用手工制品张扬个性的最新形式。2010 年，首届纽约世界创客大会在皇后区科学馆召开，纤维艺术家萝宾•洛夫（Robyn Love）号召参会者编织或钩织小块作品，随后她把这些小块作品缝制成“燃烧的火焰”并挂在博物馆里泰坦 2 号导弹的尾部。参观者们受邀写下许愿的纸条，并将纸条固定到小块针织或钩织作品上。后来这些小块作品被制成阿富汗毛毯，并由“温暖美国”（Warm Up America）基金会分发给无家可归的人。

根据曼迪•摩尔（Mandy Moore）和琳恩•普兰（Leanne Prain）的书《毛线爆炸：钩织和针织艺术涂鸦》[1] 所说，这一潮流起源于 2005 年的休斯顿，当时一位名为玛格达•萨亚格（Magda Sayeg）的女士决定为自己服装店的门把手编织一个套子。这个主意迅速流传开来，编织套开始出现在街灯柱、户外雕塑、树干和自行车架上，人们开始为雕像编织毛衣或者用毛线制作路标。萝宾•洛夫本人和志愿者们编织了一个罩，把纽约市一栋公寓楼的木水箱变成了一个巨大的短铅笔。他们还制作了一条长达一英里的黄色带子，这条带子后来被用作达拉斯市某条公路的中心线。

毛线爆炸可以是张扬个性的有趣方式，或者只是把地标变得更酷。只需具备编织或针织的基本技巧和一点毛线，你和你的孩子就可以在随意的活动中为生活增添情趣，比如偷偷给爸爸最喜欢的脚凳做一个保暖罩，为奶奶花园里的大石头穿件“衣服”，或者在沿街的大门上增添一些装饰品。如果你想要获得更多灵感，推荐阅读琼•塔珀（Joan Tapper）的书《手工艺行动派》[2]。

1 原名为 *Yarn Bombing: The Art of Crochet and Knit Graffit*。

2 原名为 *Craft Activism: People, Ideas, and Projects from the New Community of Handmade and How You Can Join In*。

项目 16

制作天然扎染的 T 恤衫

在本科学习期间，我对泥金装饰手抄本非常感兴趣。于是我就在图书馆里花费大量时间寻找古老的配方，探寻中世纪文书颜料持久炫丽的秘诀。阅读这些配方就像是发掘古老炼金术士的日记：牛胆汁、天青石、灰烬，甚至尿液也会出现在成分表里。

织物制品也同样令人惊奇，配方成分表还包括了某些海洋动物的膀胱、靛蓝以及各种各样的蔬菜。

除了奇特的成分之外，我一直都很想亲手实验天然染色技术。由于我很清楚自己无法制作规格太大的物品，所以我认为扎染是个不错的开头。我没有使用任何大容器盛放染料，而使用喷射瓶，这也意味着孩子们也可以帮忙。

特别注意：天然染料通常都会褪色。即使你使用媒染剂处理（可增强颜料在织物上的附着度），水洗多次之后颜色仍然会消褪，至少它们无法与商业染料相提并论。也许它们的颜色也不够鲜亮，但这意味着布料可以重新利用！你总有机会再染上其他颜色。

在研究过大量天然扎染的配方后，我总结出了自己的配方。关于天然扎染的时间和处理流程存在许多争议，但我非常满意自己的最终结果：明亮的黄色和柔和的粉色。

STEP 1：准备染料

制作黄色染料：在小锅内倒入 2 勺姜黄（约 930 毫升）和 2 勺芥末籽（约 30 毫升），再加入两杯水（约 500 毫升）。将水煮沸，慢炖一小时直到锅内液体减半。最后煮好的染料会呈浆糊状且层次可能微微分离，但这不要紧。然后将染料放凉装瓶。

制作红色染料：在大锅里倒入 2 杯石榴汁（约 500 毫升）、1 杯水（约 250 毫升）和两个切成块的甜菜（你也可以把甜菜搅碎，但需要过滤）。制作甜菜时一定要戴橡胶手套。将水煮沸并慢炖一小时，然后放凉装瓶。

STEP 2：准备 T 恤衫

把 T 恤衫洗净晾干，去掉任何可能存在的清洁剂或化学物质，然后把它浸泡在一半醋、一半温水兑出的溶液里。浸泡约一个小时后把 T 恤拧干，但不要冲洗。醋可以帮助天然染料附着到棉纤维上。

扎染前准备 T 恤的方法非常多，互联网上有许多理想的资源。我只做了一个简单的螺旋状：把 T 恤放平并捏住中心（两层都捏），然后朝一个方向拧，直到整个 T 恤变成螺旋状。用三根橡皮筋把形状固定好并把衣服分成六部分（这有助于染色）。

$$$

150 元

2 小时

5 岁以上

中等

所需材料

- 两个高品质不锈钢锅，一个小号，一个中号
- 两个甜菜
- 两杯石榴汁（500 毫升 / 杯）
- 两汤匙姜黄籽和芥末籽（磨碎）
- 醋
- 橡皮筋
- 染色时用的颜料或巧克力挤瓶
- 橡皮手套
- 简约纯棉 T 恤衫
- 烤板

STEP 3：染色

把 T 恤放在烘焙盘上，然后戴上橡胶手套。用挤瓶在 T 恤不同的部分挤上不同的颜料。混合物会根据衣服的厚度而变化，所以确保让染料渗入衣服隐藏在内的边角。由于天然染料易褪色，所以我会多挤上些染料。

STEP 4：加热和等待

染完色后，把 T 恤放进塑料袋里，然后把塑料袋放进微波炉加热两分钟（警告：塑料袋的温度会非常高，所以孩子应该避开）。然后把塑料袋静置一天。

STEP 5：冲洗

等待一夜之后我用水把 T 恤漂净。染出的黄色的明亮程度远超我的预料，因为我第一次染出的黄色是棕黄而不是金黄。红色变成了粉紫色，而染到黄色的部分变成了橘红色。水洗一次之后粉色变淡，但黄色在水洗 6 次之后还非常鲜亮。建议用温和的肥皂手洗天然扎染的衣物。

STEP 6：增加染料种类

利用不同的天然染料做实验可以得到不同的效果。黑色胡桃和咖啡以及天然散沫花可用来制作黑色和棕色染料。松果可用来制作黄色染料。我还听说有人用碾碎的草制作绿色染料，用蓝莓制作紫色染料。你也可以用果汁制作染料。这种方法好玩又廉价，还能让你把大自然这个母亲带进你的家和衣橱里。

秘籍 13

利用斐波那契数列制作手工艺品

斐波那契数列，又称黄金分割数列。如果这两个词没有让你想起高中数学或者大学数学，那么也许它们会让你想起童年时观看的《唐老鸭漫游数学奇境》[1]，这部迪士尼在 1959 年制作的片子教会了我们如何打台球和画圆锥曲线。而谁又知道我们还可以利用这些知识为手工艺品增加美感和创造性呢？

斐波那契数列的开头是 1、1、2、3、5、8、13、21，然后以这种方式无限增长，而且数列中的每一项都等于它前面两项之和。

黄金分割比例与斐波那契数列相关。它们的关联在于相邻的两个斐波那契数值之比趋近于黄金比例。换句话说，斐波那契数列的数越大，两个相邻数值的比越接近黄金比例。

黄金比例产生了黄金螺旋线和黄金矩形等图形。黄金矩形的长宽比约为 1.618 ： 1，反映了黄金比例，这个数字由希腊字母 φ（phi）代表。而螺旋线呈对数增长，这意味着每转 90 度，螺旋弧度都会相应扩大。

尽管斐波那契数列和黄金比例都是数学概念，但它们在各种自然环境中也会露面。花朵的花瓣数量通常都是斐波那契数，向日葵种子以及松果和菠萝外表的螺旋数也是斐波那契数。这是因为斐波那契数能使植物的种子或其他部位的排列最有效地利用空间。此外，人们还从鹦鹉螺的螺旋和手骨的长度中发现了斐波那契数。

利用黄金矩形制作手工艺品很容易，因为你的目标只是制作（或包含）长宽比为 1.618 ： 1 的矩形。但利用斐波那契螺旋线会稍难一些。首先你需要标出模型的中心，然后在中心的稍上方标一个点。量出一个 222.5 度的角，把它视为黄金角度，从第一个点绕圈并在这个角的稍远处

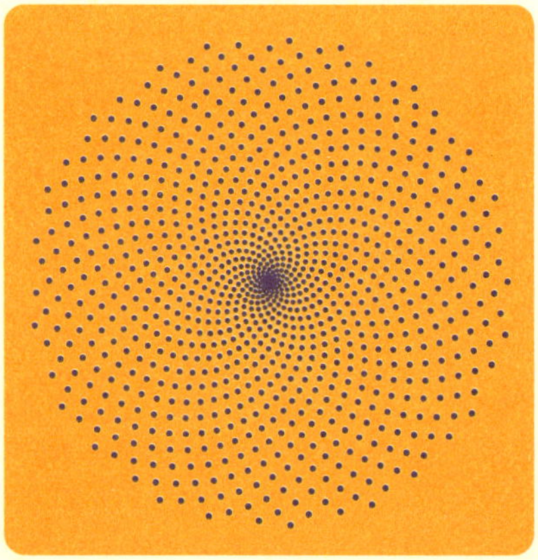

1 原名为 *Donald in Mathmagic Land*。

画第二个点。从第二个点绕圈，在 222.5 度对应的点上画第三个点。重复以上步骤直到螺旋状达到所需尺寸为止。最后用曲线将各点连结起来［222.5 度这个角度是 0.618 与 360 度相乘所得。同样，你也可以利用 137.5 度（360 度减去 222.5 度）画螺旋线］。如果你想画一个顺时针方向的螺旋线，那么就在中心的正上方（12 点方向）标一个点，每一个新点与上一个点的距离应相差 7 小时 30 分钟，所以第二点应该在 7：30 的方向上，第三点在 15：00 的方向上，以此类推。

由于黄金比例和斐波那契数列能为项目增添极大的美感，同时又可以显现出更多创客趣味，所以具有数学头脑的工匠经常会把它们融入作品之中。

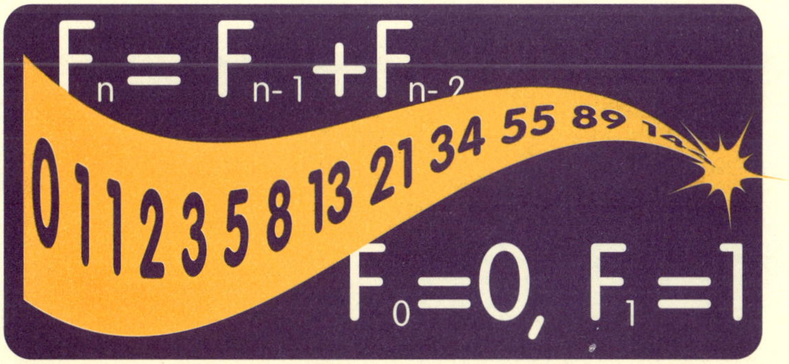

项目 17

自制电池发光雕塑

没什么能比失败的项目更令人灰心丧气了，但坚持不懈是科学家或艺术家应该具备的核心品质之一。还好，创客们都是百折不挠的！比如，我的孩子和我就尝试了 4 种不同版本的经典“柠檬电池”科学实验，但没有一种可以点亮一个 LED 灯泡。它的工作原理很简单：把两片不同的金属（通常用镀铜铁丝和镀锌铁丝）插入湿润的导电媒介（通常指柠檬）里。湿润的媒介会分解某种金属的分子然后释放电子，另一种金属会吸收电子。电子流动就创造出了电力！这听上去很简单，但不知为何我们的柠檬电池一直没有成功。

多年来我一直在不懈地寻找简单且安全的柠檬电池范例，我的探索最终让我找到一个不仅方便简单，而且还充满艺术感的版本。我在网站 Instructables.com 上找到了它，一个名为“Madaeon”的用户利用一些零碎的饮料吸管、电线、纸巾和一点柠檬汁制作出了一个发光小雕塑。虽然我们的实验没有成功，但我依然痴迷于研究简单安全的纳米电池项目。

最终我想出了以下版本。严格按照我的步骤制作，我保证一定会成功。或者你也可以进行一些改变，把这个项目变成科学大会实验！你可以自主选择。下面是制作蜘蛛指南，蜘蛛腿上的 8 个电池可以点亮两只 LED 眼睛。但你也可以利用吸管电池制作出任何你喜欢的三维结构——只要把电池联接在闭合电路里即可。在设计中增多电池也许可以点亮 3 个或更多的 LED 灯泡。发挥你的想象力，开心做实验吧！

STEP 1：制作塑形电池

制作可塑形的电池并不难，但你需要集中精力。要制作一个蜘蛛，首先你需要 8 根 15cm 长的吸管。可将吸管拉直测量，把可折叠的“膝盖”也包括在内。在每根吸管的尾部喷一点热胶。

接下来为每个电池剪一段铜丝和一段镀锌铁丝，长度约为 20cm。然后拿一张面巾纸，按纵向将纸平均剪成 4 条。如果面巾纸含有多层，把纸层分开使每条纸都只有单层厚度。把铜丝放在纸条上，在底部留出约 1.5cm 的空纸。卷动纸条将铜丝裹紧，最后呈纸花茎状。把底部空出的纸用作衬垫。

拿一根镀锌铁丝和一根纸裹好的铜丝两端对齐放在一起，然后小心地把它们插进吸管，注意不要把纸层捅破。剪去吸管顶部的纸只留 1.5cm，用牙签把留下的纸塞进吸管里。

30 元 | 2 小时 | 10 岁以上 | 中等

所需材料

- 可弯折的塑料吸管
- 易弯折的光铜丝，越粗越好（最好和意大利面一般粗）
- 易弯折的电镀（镀锌的）铁丝，越粗越好（用来挂相片）
- 钳子或钢丝剪
- 剪刀
- 面巾纸
- 牙签
- 热溶胶枪
- 白醋
- 一次性纸杯或饮料玻璃杯
- 移液管或眼药水滴管
- 泡沫聚苯乙烯碗
- 绝缘胶带
- 两个或两个以上的低电压（2 伏以下）LED 灯泡

在杯子里倒入白醋。和柠檬汁一样，醋也是一种可导电酸液。用移液管吸醋，然后把醋挤到吸管里，让醋渗透纸巾。如果吸管里出现气泡，则可轻轻挤压吸管壁以释放气泡。向吸管滴醋，直到快要没过吸管顶部为止。微微弯折铜丝和镀锌铁丝使两者分开，然后在吸管顶部喷热胶。将吸管竖直，等 1 分钟让胶变干。每个电池用一根塑形吸管。

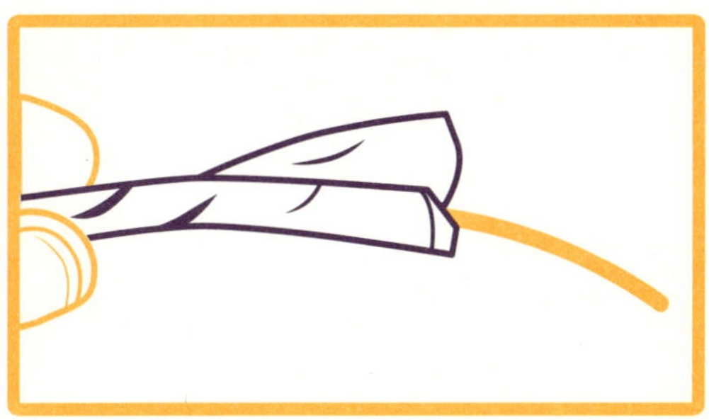

STEP 2: 构建电路

电流需要在一个闭合的单循环线路中流动，这个线路

端反向相对，然后把两条电线拧紧。

STEP 3: 制作蜘蛛的身体

这个吸管蜘蛛的身体是一个倒置的泡沫聚苯乙烯碗。按图示把腿粘到碗内，然后把碗捅出两个小孔，将两根松动的电线伸到碗外以方便安装眼睛（如有必要，你也可以用笔尖扎孔）。要想让蜘蛛站起来，你还要按需在腿上弯出“膝盖”。

现在开始增加 LED 灯。LED（发光二极管）是一种单向电子组件，只有在电路方向正确时它才会发光。（本章后面的电子元件首饰项目会介绍更多有关 LED 的信息。）你可以在 LED 灯塑料圆盖的平板下面找到它的负极引线（或者说导线）。大多数 LED 灯的正极导线都比负极导线长。如果你仍然无法分辨导线的正负极，试试一次只连接一个

叫作电路。蜘蛛的电路包括 8 个电池和两个 LED 灯。电池中的铜线是正极接线柱，镀锌铁线是负极接线柱。你需要把每个电池的负极接线柱和下一个电池的正极接线柱相连接，连成一个回路。每根吸管电池都会释放出稍低于一伏的电流，电池相互连接后电流伏数也会相应累加。如果你的 LED 灯在 2 伏左右运行，那么 8 条电池“腿”的电流足够点亮你的灯泡。虽然只有一部分能量可以穿过电线，不过，你也无需担心电路超负荷的问题了！

首先把一根电池的铜丝和另一根电池的镀锌铁丝对齐拧紧。把多出的电线朝电池折回，然后用钳子把电线挤紧夹平。这能确保联接通畅，同时保持线路的整洁。按照同样的方式增加电池，直到 4 个电池连成一排。把这排电池放好，然后把剩余的 4 个电池也连成一排。完工后把第一排电池的松动铜丝和第二排电池的松动镀锌铁丝重叠使两

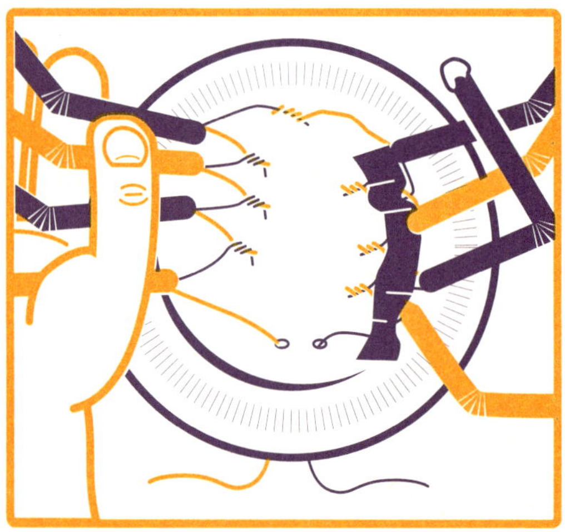

LED 灯。如果灯不亮，把两条线反过来即可。（如果灯仍然不亮，检查线路的连接是否有问题，或者换一个 LED 灯。）

把一个 LED 灯的正极导线和另一个 LED 灯的负极导线拧在一起，然后将剩余的负极导线连接到铜丝上。你可以把中间的两条导线穿进碗里，用胶带将导线粘到碗的内壁以固定 LED 灯。将最后剩下的一条导线和最后一条松动的导线微微弯曲，这样便于它们连接或断开。你也可以把它们松散地拧在一起，这就是你的转换开关。试着将这两条线连在一起，这时蜘蛛的眼睛就会发光！在吸管电池的能量用完之前，你的雕塑可以持续亮至少一天。

STEP 4: 尝试变型

如果是其他类型的雕塑，你也可以制作电线伸出底部的电池。而且你可以自主决定长度。首先把裹纸的铜丝插进吸管，使部分铜丝伸出吸管顶部，同时尾部与吸管底部应留有距离，用热胶封好顶部。把吸管倒过来，从端口插入镀锌铁丝，加醋后用热胶封口。把一根电池的铜丝和另一根电池的镀锌铁丝拧紧，按上述方法把电池连接成闭合电路。弯折吸管，折出你想要的形状，你也可以在任意地方增加 LED 灯。

项目 18

利用偏振光作画

我认为要成为艺术家就必须学习科学。无论媒介是什么，所有的艺术家都需要实验材料、观察重力和大气等因素对作品的影响，这时他们就成了研究者。本文介绍的项目就利用了电磁辐射在可见光谱里的神秘性质，你需要戴上特殊眼镜才能看到这些耀眼光图的完整效果。

和辐射的大多数形式一样，光波在传播过程中通常向四面八方振动。但你可以使用偏振滤光镜让光波只朝一个方向振动传播。大多数物理课本将滤光镜比作篱栅：只有笔直的波可以穿过篱栅木板之间的垂直缝隙。如果你在篱栅的竖木板前横放一块木板，那么几乎没有光波能穿过去。但如果你在竖木板和横木板的缝隙间斜对着放一个滤镜，你会发现这个滤镜不仅不会阻挡光线，相反，它会使光穿过去！这是因为中间的滤镜改变了部分光波的方向，使撞到最后一层滤镜的光渗透过去。（这一切都与光子发射和量子力学有关，如果你的孩子年龄较大，你可以和他们更深入地探索这门神奇的学科。）

一些塑料制品（如玻璃纸）也可以用作偏振光滤镜。光波穿过玻璃纸后光线被折射，其中一条折射光的折射角大于另一条折射光的折射角，这将非偏振光分离成两种方向不同的偏振光波。正常状态下你看不到这个具体过程，但当你在两个偏振光滤镜之间（或者滤镜和偏振光源之间）放上玻璃纸后，你会看到光波相互碰撞并产生一道五光十色的彩虹，具体情况取决于你的观察角度。按照这个原理，只需准备一个灰色偏振光滤镜、一段透明胶带和一束白色偏振光，你就可以创作出神奇的多彩粘贴画！

STEP 1：画出你的设计

你可以把任何类型的透明塑料或玻璃表面当“画布”用。玻璃和一些塑料能够透明，但其他物体会增添一层它们自身的色彩。可以直立的折弯相框非常适合这个项目，如果你想使用可循环利用的材料，可寻找是否有生产或烘焙食物的硬塑料容器可用。

偏振光图可以很抽象，也可以很具体。可用标签笔画出你想要的设计，只需画出轮廓即可——随后你会用神奇的方法在上面着色。你也可以把部分或者全部图画留成空白，让色彩决定图形的隐现。

STEP 2：增加色彩

让年龄小的孩子在画布表面随意贴透明胶带条（必须是透明物体——但那种抹平后就消失的“魔术”透明胶带不会有效果）。如果你想制作出更大的图画或者更复杂的设计，你可以用玻璃纸剪出各种形状然后贴在画布上。在

30 元	30 分钟	3 岁以上	简单

所需材料

- 小双头标签笔
- 塑料折弯相框（或者树脂玻璃或透明玻璃相框）
- 偏光太阳镜或 3D 电影眼镜
- 透明玻璃纸胶带（不要用那种模糊的“魔术”贴；包装用的透明胶带也可）
- 可循环利用的包装食品或礼品用的玻璃纸
- 黑色绘图纸或者手工泡沫纸（可选项）
- LCD 屏幕（电视、电脑显示器或者其他 LCD 设备）（可选项）

黑色绘图纸或手工泡沫纸上剪玻璃纸能更容易看清它的形状。粘贴玻璃纸时不必担心纸面是否平滑，事实上，纸上的褶皱和突起能使最终结果更有趣。你增加的每一层玻璃纸都会使色彩更深、变化更多。

STEP 3：准备观察

你可以把偏光太阳镜或 3D 眼镜的一个镜片用作可移动的观察滤镜。最新的 3D 眼镜都是圆偏振镜，这意味着无论你如何转动镜片都不会变色。你可以在 rainbowsymphonystore.com 买到硬纸框架线偏振 3D 眼镜，价格只要十几元，而且包括邮费。从鼻梁中间把纸镜架切成两半，这样你就得到了两个滤镜。你可将眼镜腿当把手用。

在作品前后各放一个滤镜，这样你就能看到五彩的图画。但用偏振光照亮你的图画会使效果更惊人。平板电脑显示器或者笔记本电脑的屏幕都可以射出理想的光线。为了使屏幕完全变白，你可以打开一个空白文档，然后把文档设为全屏模式。

把直立的相框放在屏幕前方，或者把图像斜靠或放在屏幕前方。然后把滤光镜放在你眼前，慢慢转动镜片，你会看到图形“移动”或者变色——这一切都归功于神奇的科学！

鲍勃·罗斯：快乐的云朵

姓名：鲍勃·罗斯（Bob Ross）生卒年月：1942年10月29日—1995年7月4日职业：画家，艺术指导，电视名人　闻名之处：激发大众学习快速绘画

鲍勃有一头蓬松的头发，嗓音温柔。从1983年到1994年，他在公共电视网的节目《快乐画室》[1]中教了观众十多年的风景画，近年来成为了创客偶像。是他为我们的童年增加了些许温和的奇思妙想。

鲍勃成年后在美国空军服役，工作内容是催促士兵们叠被擦鞋。他在服役期间开始画画，而且发现绘画能带来更高的收入。后来他跟随威廉·亚历山大（William Alexander）学习绘画，威廉教了他一种湿压湿叠印画法，这种技术影响了他的绘画风格。

鲍勃利用这种绘画方法创造出用颜料层组成图画的方法。底层颜料并没有太多造型，但上层颜料会增加更多细节，使树木、溪流、山峰和云朵突然显现出来。他以能迅速地画出美丽的风景画而闻名于世，而这些风景大都来自于他驻扎在阿拉斯加时的经历。

他教学的核心理论是认为每个人都拥有一定的艺术天赋。他强调只要进行练习并得到指导，这些天赋就能得到发挥。他也认为所有错误都是“快乐的意外”。

鲍勃在52岁时因为淋巴癌而英年早逝。不过，网站BobRoss.com仍在出售他的电视节目和个人品牌的美术用品，我们依然可以通过各种方式向他学习。

鲍勃让我们知道绘画很好玩，而云朵和树木都很快乐。在观看《快乐画室》节目期间，还是个孩子的我也被他迷住。那时我非常热爱艺术，但却没有真正的艺术天分。鲍勃给了我希望和灵感，让我迈出了尝试的步伐。我画的云朵和树木没有他的那么快乐，但如果没有他的引导，它们也不会有现在的样子。

1　原名为 *The Joy of Painting*。

项目 19

利用电子元件制作首饰

创客串珠设计

我热爱利用手边的材料制作新物件。第一次看到电子元件首饰的时候，我就萌生了自己动手制作的想法。但我很快就发现一个问题：要想利用从电路板上拆下的部件，懂得一定的金属焊接技术很关键。由于在这方面还是个新人，所以我采用了省事的做法，从网站 jameco.com 购买了一包共 1.5kg 重的各式电子元件（全新的），再加上一些全新的铁丝，总共花费在 120 元左右。有了这些物品，再加上我在无数其他项目里收集的各种废弃珠子，我可以制作出许多戒指、项链、耳环、吊坠以及其他饰品。

当然了，利用电子元件制作首饰的乐趣也包括开动脑筋以新方式利用手边已有的物品。而且我也发现，把电子元件转化成珠饰用品，你只需具备一点简单的技巧即可。查看类似 techcycled.com 的电子首饰设计网站或者 etsy.com 上的数字闪烁（digiBling）等店铺，你可以获得更多的好主意和灵感。根据你的耐心和手的灵巧程度，只需使用少量基本的圆珠打磨工具和配件，你和你的孩子都能在一个下午之内拼装出美观的首饰！

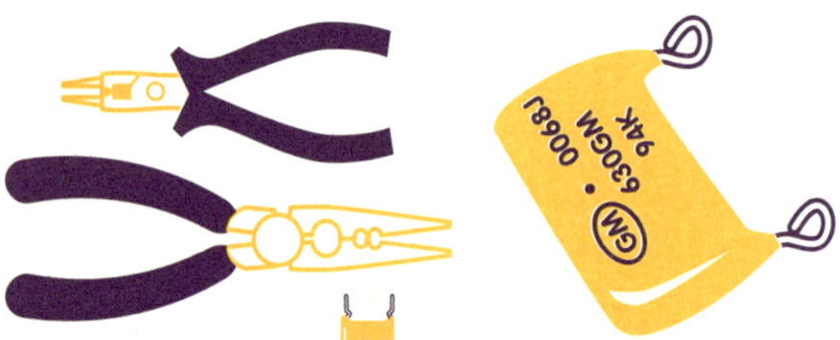

$$$ 150 元 | 1 ~ 2 小时 | 10 岁以上 | 中等

所需材料

- 电子部件（详情请看说明书）
- 各种大小的珠子，具体视个人爱好而定
- 铁丝、细绳、橡皮圈、耳环钩、首饰扣、穿线环、扣环和其他串珠配件，具体视个人爱好而定
- 圆嘴钳
- 尖嘴钳

需要的特殊技巧：懂得焊接和脱焊会很有用，但这并不是必需能力。

风险因素：注意某些电子部件可能含有汞或其他有害物质，要根据社区规定对这些物质进行相应处理。不要拆卸可能带电的设备（如想获得更多安全拆装旧设备的建议，推荐阅读埃德·索贝（Ed Sobey）的书《拆装指南：重新利用旧设备里的各种部件》[1]）。

STEP 1：了解基础部件的作用

你要设计的是珠宝而不是电路板，但了解以下元件的本质用途也是很有趣的事。下面是对几种基本元件的简单介绍。

- 电阻：电阻限制电流的大小，从而防止电路中的精细部件被烧坏。电阻的大小和形状通常和一粒米相近且两端带有电线。电阻外表的颜色多种多样，包括米黄色、泡沫绿和天蓝色，大多数电阻的中间带有彩色条纹。这些条纹不是装饰品，而是电阻阻值的代表。
- 电容器：电容器储存能量，有点类似充电电池。连接

1 原名为 *Unscrewed: Salvage and Reuse Motors, Gears, Switches, and More from Your Old Electronics*。

上太阳能电池后，它可以缓慢收集并迅速释放电能，或者吸收电涌保持能级恒稳。电容器通常看起来像是底部带两根电线的小桶，但有时也会呈卵状和硬币状。电容器的颜色多种多样，所以很受电子元件首饰设计师和爱好者的欢迎。

- LED灯：LED灯又被称作发光二极管，它是一种强力、高效的灯泡。LED没有使用发热的灯丝，它的塑料圆盖内是一条银色猫须——这条超细线几近覆盖两片稍大金属片之间的缝隙，电子流在跃过缝隙时发出短脉冲光。LED灯的颜色取决于能级的大小，而且可能与塑料盖的颜色存在差异。LED灯被当作节能灯广泛使用。在本项目中我们把LED灯用作闪亮珠饰。

STEP 2：用各种元件制作珠饰

如果你没有任何制作珠饰的经验，那么你需要掌握制作圆环这项简单的技巧。取一条短铁丝，拿尖嘴钳把它弯折成直角。放下尖嘴钳，用圆嘴钳夹住铁丝末端，然后缓慢转动钳子使铁丝环绕成圆形。持续转动钳子直到圆环闭合，圆环的缝隙越小越好。

如果铁丝较长，你可以把多出的部分缠绕到较长的直柄部分以加固圆环。按上述步骤开始制环，中途将铁丝穿过你连接的物件，然后把多出的铁丝缠到柄上，就像索套的结一样。要确保将铁丝末端整齐地塞进环结里，以免钩到皮肤或衣物。

你也可以利用这种技术把一根铁丝卷成或紧或松的螺旋状“管”，然后用这个“管”把物件固定到铁丝或细绳上。

利用一些基本方式就可以把电子元件加入可穿戴的设计里。如果元件的两根线从同一端伸出，你可以把两条线卷成环或螺旋状，然后穿进绳、铁丝或橡皮圈里作吊坠。如果元件的接线从两端伸出，可把一端的电线剪掉，然后把另一端的电线卷成环；或者把两端电线都拧成环，然后与其他物件相连接从而制作出一条链子。如果线足够长，你也可以直接把珠子穿上去，最后在末端打结固定住珠子。如果你在设计中使用了电阻，你可以选择和电阻彩条颜色相同的珠子穿上去。

STEP 3: 一些简单设计

用 LED 灯做戒指是个不错的入门项目，而且对孩子来说也非常容易。把灯泡当作“珠宝”，然后把底座伸出的电线环绕在手指上打结即可。你也可以在电线上穿你喜欢的珠子（为了舒适的原因，珠子应当越小越好且大小相同）。如果线比较长，可把多出的线重叠地缠绕在一起，让珠子把重叠部分盖住。如果线比较短，用一小段线把尾部连接起来以增加安全性。

或者你也可以利用形状奇特的元件发挥创意。我在电子元件包里发现了一个晶体振荡器，微控制器就利用它测量时间。它看上去像一个扁平的金属罐，但顶部伸出一根线，底部伸出两根线。这刚好可以用来制作一个小机器人挂件。我在顶部的线上穿了一颗大珠子当脑袋，然后在底部的两条线上穿了两个长管形珠子当腿。我把每根线的尾部都夹成圆环作结，然后把它以及几个金属珠子和元件挂在金属项圈上。真的超级可爱！

虽然你可以完全利用电子元件制作项链或者手链，但我喜欢把电子元件和传统的首饰元素结合起来。不要害怕使用现成的材料，比如一条简单的链子或者菱形耳环框架。你可以在本地的珠饰商店或手工艺品店找到这些物品，你也可以利用已有的旧物或者从庭院旧货出售点和跳蚤市场上淘来的物品。只需要一点想象力和眼光，很快你就能制作出极具美感的创客电子元件饰品！

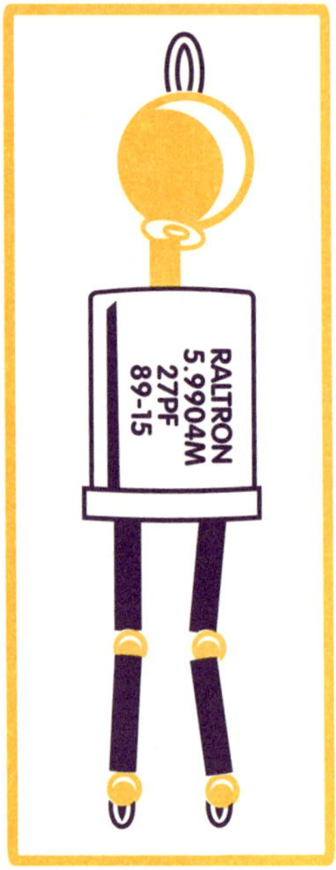
RALTRON
5.9904M
27PF
89-15

项目 20

给电子设备制作保护套

我们购买的大多数便携式电子设备都不带保护套，所以通常我们必须自己购买。但有时我们可能买不到正确的尺寸或者符合我们机型的保护套。照相机、MP3 播放器、手机和便携式游戏机都不自带保护套，但在没有放进保护套之前我们可能都不舍得用它们。不过，如果可以自制一个完全属于你的独特保护套，同时还省去在商店购买成品的大价钱，何乐而不为呢？

STEP 1：准备布料

如果你想把包袋做成可水洗的，就要把所有布料（除了棉絮）预先洗一遍并晾干，再用熨斗熨平。

STEP 2：量尺寸

先测量设备尺寸，然后确定面料和衬垫的裁剪位置。首先测量设备的纵向维度周长（见图 1），把周长除以 2 然后加 3.8cm。这就是 3 片布料的宽度值。

然后测量设备的横向维度周长（见图 2），所测周长长度再加 3.8cm，同时再加上你设计的扣盖的长度。最终结果就是 3 片布料的长度值。

STEP 3：裁剪布料

用尺子或其他测量设备在 3 片布料上测量并标出长度和宽度值，然后裁剪布料。

（图 1）

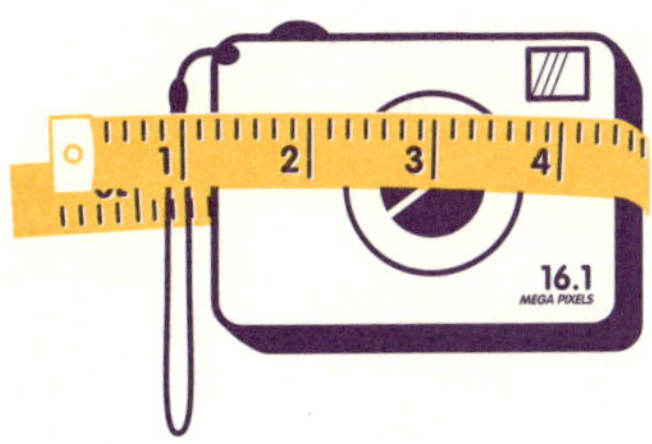

（图 2）

（图 3）

30 ~ 60 元　　1 ~ 2 小时　　成年人　　较难

所需材料

- 制作包袋外层的耐磨材料（主面料）
- 制作包袋里层的软面料（衬里材料）
- 用来制作衬垫的厚实面料，如厚棉絮或加绒布（确保 3 种布料都备足，都可以从纵向完全包裹住你的设备）
- 熨斗和熨衣板
- 卷尺或量尺
- 水笔、铅笔、或画粉
- 剪刀（或圆盘剪）和自我修复型切割垫
- 大头针
- 颜色互补的橡皮圈
- 缝纫机和线
- 筷子或其他可转动的工具
- 针
- 扣子

需要的特殊技巧：基本的缝纫技巧，了解一定的缝纫术语

STEP 4：增加橡皮圈

在衬里材料右边宽（较小的维度）的边沿中央，将橡皮圈固定在离边缘 6mm 处，确保留出的圆圈大小能圈住你选择的扣子。将橡皮圈固定在布料背面，同时使另一端伸出并按正确位置进行缝合。

STEP 5：叠放布料

把 3 块布料叠放在一个平面上，顺序为：主面料在上层，里衬面料在下层，衬垫面料在中间。你的橡皮圈应该面朝下对着主面料的正面。叠放完成后把布料的四周固定好。

STEP 6：缝合面料

在与橡皮圈对向的面料上留出一个 5 ~ 7cm 的缝隙，然后沿四周将 3 层面料缝合，针脚宽度为 6mm。修剪缝合线附近的衬垫层，注意不要剪到缝合线。剪去棱角的尖，同样也不要剪到缝合线。

（图 4）

STEP 7: 把正面翻出来

通过未缝合的缝隙把包袋的正面翻出来，翻过来之后主面料和里衬面料都能显现出来，再用筷子或者其他工具把四角撑直。

整平重叠的布料，把多余的布料塞进未缝合的开口，以保证边缘平滑整洁。然后熨压边缘，注意不要碰到橡皮圈。

STEP 8: 缝包袋

将未缝合的缝隙缝好。量出设备的横向长度（只量一面）。然后把缝合了的一端按测量距离（再加上几毫米）折向带橡皮圈的一端，使主面料向外。将边缘对齐别好。

利用缝纫机沿包袋底部的褶皱从下到上缝合，穿过带橡胶圈的边缘后再从上到下缝合到底部。

STEP 9: 完工

把扣盖向下折，在盖子与包袋前方重合的位置缝上扣子。大功告成！现在你的包袋可以使用了！

（图 5）

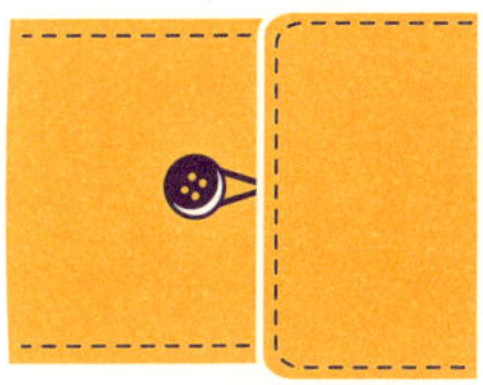

（图 6）

项目 21

把小算盘穿在身上

电子计算器被发明之前，人们一直在利用算盘进行复杂的运算。算盘的发明和中国密切相关，但带珠子的计算板实际上起源于地中海地区，后来通过丝绸之路传到了东方。如今人们仍在使用多种不同类型的算盘。中国算盘横梁的上方有两个算珠，下方有五个算珠。而日本算盘的横梁上方只有一个算珠，下方只有四个算珠。还有俄罗斯算盘，俄式算盘的算珠在运算时需要左右滑动而不是上下滑动。

本项目会向你介绍如何制作出一个能计算的中式小算盘。你可以把它当成胸针戴或者挂在拉链上。尽管精通算盘的使用需要多年的练习，但起步非常容易——对孩子们来说更是如此，因为相比于成年人他们的大脑更容易接受新事物。此外，虽然你可能更喜欢用智能手机做计算，但算盘对于热爱数学的创客们来说可是个绝佳话题！

STEP 1：制作算盘底部

要制作这个小算盘，你需要把穿珠的圆头针夹在两片手工泡沫纸的中间。手工泡沫纸是种湿软材料，易于孩子们使用。取一张即剥即贴的手工泡沫纸，然后剪出 6 个长约 5cm、宽约 9mm 的长方形纸条。拿一个泡沫状长方形平放在平板上，纸面朝上。揭去纸面使胶面露出。

拿一个圆头针竖着放在所剪泡沫纸条的正中央，然后拿第二根和第三根圆头针竖着放在纸条两端。把最后两根圆头针竖放在前三根圆头针的空隙中间，保持空间均匀。

再拿一条泡沫纸剥掉纸面，然后将之与第一层纸对好放上去，两片纸会将圆头针的圆头夹在中间。然后将两片纸条压紧封好。

STEP 2：增加算珠

在每根针（档）上穿 5 个珠子。珠子的颜色并不重要，

$$$

30 元

1 小时

10 岁以上

简单

所需材料

- 1 张即剥即贴手工泡沫纸
- 5 个 5cm 长的圆头针（用来穿珠子）
- 35 个以上的小珠子（能穿到圆头针上）
- 两个互联的链环（可选项，用在项链或拉链上）
- 即剥即贴的扣子别针（可选项）
- 1 个纸板（防止材料滚动）

所以你可以随意对珠子进行混合或排序。再取两片泡沫条封紧放到圆头针中间做横梁，留出足够的空间以使珠子能上下滑动。然后在每根针上再穿两个珠子。

STEP 3: 封顶完工

把第五个泡沫纸条的纸面剥掉，然后放在圆头针针头下方，留出足够的空间以使珠子能上下滑动。如果你还想增加一个挂在项链或拉链上的圆环，那么就先不要封上最后一层泡沫纸。要先把互联链环中的一个放在两个针头之间。剥掉最后一条泡沫纸的纸面并粘在顶部，把针头和圆环都封在纸的中间。如果是制作胸针，那么封好顶部“横梁”后要在中间横梁的后面粘上即剥即贴的扣子别针即可。

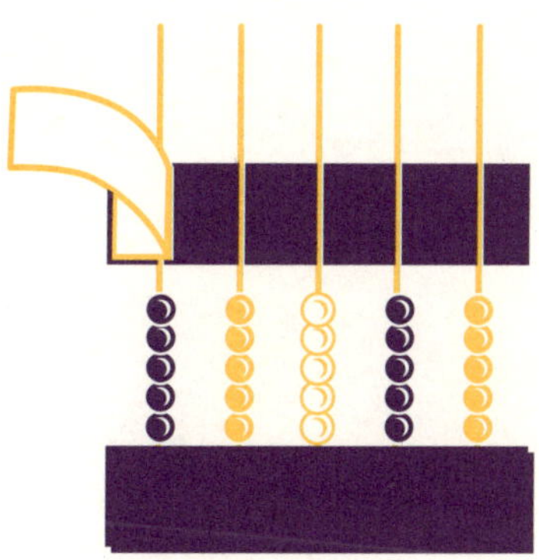

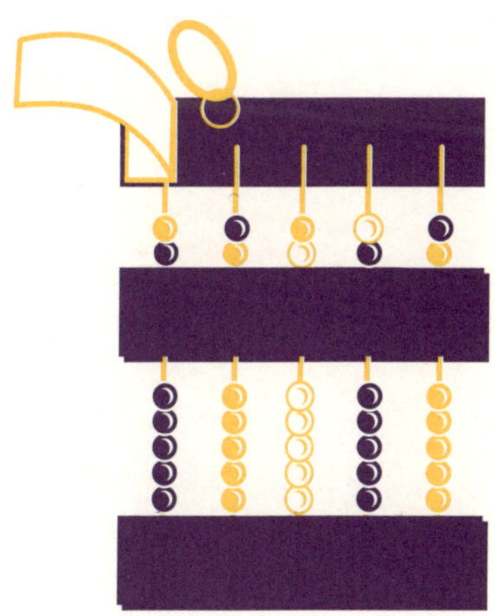

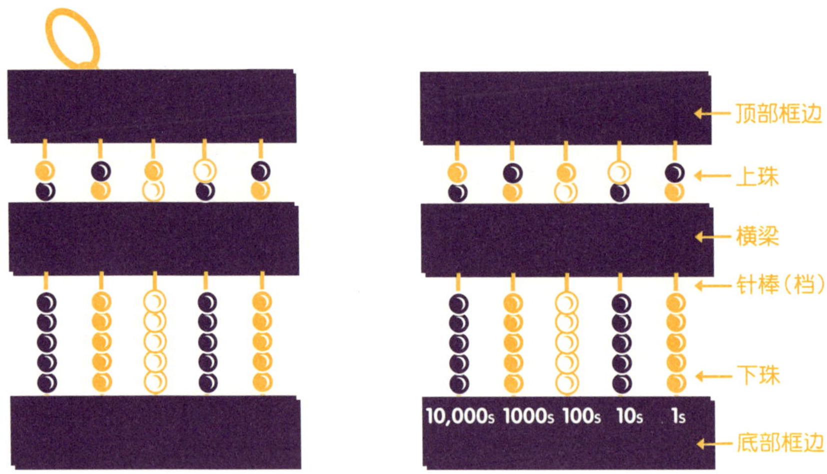
顶部框边
上珠
横梁
针棒（档）
下珠
10,000s 1000s 100s 10s 1s
底部框边

如何读算盘

在许多亚洲国家（和美国的一些社区），仍然有一些特殊学校培训孩子们使用算盘，而第一课就是学习读“档”上的数字。这真的很简单，只需把每根档看作位柱就可以了。从左向右依次是个位、十位、百位、千位，以此类推。算珠在被推到中间的时候才表达数字。所以，在进行计算之前要记得把所有算珠都拨到上下两端“归零”。

另一个关键点是记住底部每个算珠（有时被称为“地珠”）的值都是 1，而顶部每个算珠（有时被称为“天珠”）的值都是 5。所以在算盘上表示 205 就是把百位珠底部的算珠上拨两个，十位上不变，同时把个位珠顶部的算珠下拨一个。看到了吧？只要你开始学，使用算盘一点也不难。如想提升在算盘上读数的技巧，你可以利用网络上的手机应用程序锻炼速度和准确性。

如何使用算盘计算加法

首先，把所有算珠都推离中间的横梁使算盘清零，然后在算盘上表示出第一个数。最后从左到右把第二个数拨到算盘上。比如计算 21 + 13，首先把十位底部的算珠上拨 2 个，同时把个位底部的算珠上拨 1 个代表 21，然后把十位底部的算珠上拨 1 个，同时把个位底部的算珠上拨 3 个代表 13。算盘显示的答案就是 34。

接下来的知识有点复杂。如果你使用的数位的底部算珠不够用，那么就用顶部算珠。比如计算 2 + 4，先要清零算盘，然后把个位底部的算珠上拨 2 个。由于剩下的算珠不够 4 个，所以你需要把问题变成“5 减 1”。记得在做加法之前要先减算珠。所以你需要拨下 1 个底部算珠，然后拨下 1 个顶部算珠。算盘个位上有 1 个底部算珠上拨和 1 个顶部算珠下拨，总数就是 6。

如果底部和顶部的算珠相加都不够用，你可以使用下一个数位上的算珠。比如计算 2 + 9，要先清零算盘，把个位上的底部算珠上拨 2 个。由于个位数剩下的算珠不够表示 9，所以你要把问题变成“10 减 1”，即把个位上拨的底部算珠拨下 1 个，然后把十位上的底部算珠上拨一个。现在算盘上个位和十位上均有 1 个底部算珠上拨，代表的数字就是 11。一开始这会让人感到迷惑（对年龄大于 10 岁的人来说尤其如此），但只要坚持练习，很快你就能像个大师一样拨算盘！

关于 GeekMom 博客

2010 年，为了呼应“连线”网站的创客爸爸博客，高级编辑纳塔妮娅・巴伦、凯西・西塞瑞、科琳娜・罗森和珍妮・威廉姆斯在出版人肯・登米得的指导下创建了智慧妈妈（GeekMom）博客。智慧妈妈博客拥有二十多位核心贡献者和几十位不定期作者，如今它已经成为一个庞大的社区，从科幻小说到网络教育再到旧物回收利用，许多人聚集在这里分享各种各样的创客兴趣。在智慧妈妈社区里，妈妈们和其他读者相互联结起来传递信息，学习各自兴趣领域内的新事物，并在这里为自己的决定寻找支持或验证。如果你也喜欢创客式的新闻、项目和讨论，那么快来 GeekMom.com 看看吧！

GeekMom 博客的核心贡献者

艾米・克拉夫特（Amy Kraft）（mediamacaroni.com）
安德莉亚・施瓦姆（Andrea Schwalm）（flickr.com/photos/ariaphotography）
布丽吉德・艾什伍德（Brigid Ashwood）（brigidashwood.com）
凯瑟・珀斯特（Cathe Post）（gamermomv1.wordpress.com）
艾伦・亨德森（Ellen Henderson）（ellenhenderson.com）
海琳・麦克劳林（ladyastridslaboratory.com）
珍妮佛・戴（Jennifer Day）
朱尔斯・谢德（Jules Sherred）（juliasherred.com）
朱迪・伯纳（Judy Berna）（justonefoot.blogspot.com）
凯・霍特（Kay Holt）（subvertthespace.com/kayholt）
克丽丝・伯德萨（krisbordessa.com）
克里斯汀・卢瑟福（kristen Rutherford）（kristenrutherford.com）
劳拉・格蕾丝・威尔顿（Laura Grace Weldon）（lauragraceweldon.com）
梅丽莎・威利（Melissa Wiley）（melissawiley.com）
曼迪・霍尔特斯基（Mandy Horetski）（browncoatmom.blogspot.com）
尼克・维克琳（Nicole Wakelin）（totalfangirl.com）
帕崔西亚・沃尔默（Patricia Vollmer）（vollmerdp.blogspot.com）
瑞贝卡・安吉（Rebecca Angel）（rebeccaangel.com）
萨拉・皮诺（Sarah Pinault）（mainemummy.blogspot.com）
鲁斯・苏勒（Ruth Suehle）（hobbyhobby.wordpress.com）
苏菲・布朗（Sophie Brown）
玛泽亚・卡奇（@marziah on Twitter）

插图作者戴夫·佩里罗（Dave Perillo）出生于1974年，那一年玩具公司Wham-O推出了新玩具滑滑板（Slip' N Slide）……巧合？戴夫在自传《我的书》[1]中透露，小学一年级时他想成为大鼻子Ziggy，但在二年级时他放弃了这个宏愿，因为他发现：（a）Ziggy不是真的；（b）Ziggy一根头发也没有；（c）Ziggy不穿裤子。由于一生都不穿裤子这种想法太吸引人，他决定追求他的第二选择：从事艺术。戴夫的绘画灵感来源包括：20世纪50年代的科幻电影，查尔斯·舒尔茨，吉姆·弗洛拉（Jim Flora），雷·哈里豪森（Ray Harryhausen），罗伊·里奇特斯坦（Roy Lichtenstein），吉姆·亨森（Jim Henson），威廉姆·汉纳（William Danby Hanna）和约瑟夫·巴贝拉（Joseph Roland Barbera），《阴阳魔界》（The Twilight Zone），希区柯克的电影以及角色广告偶像等。目前戴夫居住在费城郊区，以职业插画家的身份工作。他非常享受保龄球游戏，并且认为一包鱼状软糖就是一顿海鲜晚餐。如果你想了解更多戴夫的作品，欢迎查看 montygog.blogspot.com。

1　原名为 *Me Book*。